EXCEL® ESSENTIALS FÜR BERUFSEINSTEIGER

12 UNVERZICHTBARE EXCEL-TIPPS FÜR BERUFSEINSTEIGER

OLAF PETERS-KIM

WOLF-KIM PUBLISHING UG (HAFTUNGSBESCHRÄNKT)

IMPRESSUM

Wolf-Kim Publishing UG (haftungsbeschränkt), Schwerinstr. 65, 40476 Düsseldorf

hello@wolfkimpublishing.de

© 2023, Olaf Peters-Kim

Independently Published

Bibliografische Information der Deutschen Nationalbibliothek: Die Deutsche Nationalbibliothek verzeichnet diese Publikation in der Deutschen Nationalbibliografie; detaillierte bibliografische Daten sind im Internet über dnb.dnb.de abrufbar.

❀ Erstellt mit Vellum

KAPITEL 1

EINFÜHRUNG IN DAS BUCH

Als Berufsanfänger innerhalb einer Organisation mit wirtschaftlichen, finanziellen, administrativen, organisatorischen oder geschäftlichen Aufgaben sind grundlegende Excel-Kenntnisse wichtig, um effizient und erfolgreich in deinem Arbeitsumfeld zu sein.

Einmal bewarb sich ein gut ausgebildeter und sympathischer Universitätsabsolvent bei uns für eine Position im Controlling. Alles schien perfekt, bis auf eine Sache: Er war nicht vertraut mit der SVER-WEIS-Funktion und Pivot-Tabellen, zwei Excel-Tools, die in unserer Abteilung täglich verwendet wurden. Natürlich hätten wir ihm diese Kenntnisse beibringen können, aber es gab andere Kandidaten, die bereits damit vertraut waren. Nach nur zwei Tagen rief er erneut an und erklärte uns ausführlich, wie die SVERWEIS-Funktion funktioniert und wie man mit Pivot-Tabellen große Datenmengen analysiert. Dank seines Engagements erhielt er die Stelle und ist heute selbst ein erfolgreicher Finanzchef.

. . .

Excel ist ein mächtiges Tool, das in Unternehmen weit verbreitet ist. Es gibt viele detaillierte Bücher über alle Funktionen und Möglichkeiten, die Excel bietet, aber in meiner beruflichen Laufbahn habe ich niemanden getroffen, der ein so fortgeschrittenes Wissen benötigt. Was sollte man also zum Berufseinstieg können und warum?

1.1 WARUM?

Egal ob Du in der Verwaltung, Controlling, Buchhaltung, im Verkauf, Einkauf, Personal oder Marketing beginnst, Excel ist im Berufsalltag ein vielseitiges und nützliches Werkzeug, das in einer Vielzahl von Branchen und Berufsfeldern verwendet wird, wie z. B. Finanzwesen, Marketing, Vertrieb, Personalwesen, Projektmanagement, Forschung und Analyse. Die Fähigkeit, Excel-Dokumente effektiv zu erstellen, zu interpretieren, zu organisieren, zu präsentieren und zu teilen, kann die Zusammenarbeit mit Kollegen und die Kommunikation von Informationen und Ergebnissen erleichtern und ist für viele Jobs unerlässlich.

Für dich als Berufseinsteiger einige häufige Anwendungen von Excel im Berufsalltag:

- Verwaltung und Pflege von Stammdaten zur Verbesserung der Datenqualität. Das kann in Excel durch Datenvalidierung, Datenbereinigung und der Beseitigung von Duplikaten erreicht werden

- Planung und Prognose: Excel wird zur Erstellung von Verkaufs- und Umsatzprognosen, Personalplanung, Lagerbestandsverwaltung und Produktionsplanung verwendet.

- Verkaufs- und Marketinganalyse: Excel kann verwendet werden, um Verkaufsdaten zu analysieren, Marktsegmente

zu identifizieren, Kundendaten zu verwalten und
Marketingkampagnen zu planen.

- Controlling und Finanzmanagement: Excel wird häufig für
  Budgetplanung, Finanzprognosen, Kosten-Nutzen-Analysen
  und Buchhaltung verwendet. Du kannst Finanzdaten
  überwachen, vergleichen und Berichte erstellen.

- Berichterstellung: Excel ermöglicht es dir, aussagekräftige
  Berichte zu erstellen, indem du Daten visualisierst und
  aufbereitest. Du kannst Diagramme, Grafiken und Tabellen
  erstellen, um komplexe Informationen leicht verständlich
  darzustellen.

- Rechnungswesen: Excel hilft bei der Verwaltung von Konten
  und der Berechnung von Steuern.

- Projektmanagement: Mit Excel kannst du Zeitpläne,
  Ressourcenpläne, Aufgabenlisten und
  Projektfortschrittsberichte erstellen und verwalten.

- Datenerfassung und -organisation: Excel ist hilfreich, um
  Daten zu sammeln, zu speichern und zu organisieren. Du
  kannst Informationen aus verschiedenen Quellen
  importieren und in Tabellen und Arbeitsblättern anordnen.

- Datenanalyse: Mit Excel kannst du große Datenmengen
  analysieren, um Muster, Trends und Beziehungen zu
  erkennen. Dazu können Filter, Sortierfunktionen, Pivot-
  Tabellen und bedingte Formatierung verwendet werden.

- Statistische Analyse: Mit Excel kannst du statistische
  Berechnungen durchführen, um Hypothesen zu testen,
  Prognosen zu erstellen und Daten zu modellieren.

In kleinen oder mittelständischen Unternehmen, die sich nicht für alle Bereiche und Anforderungen spezialisierte Software leisten, wird Excel deutlich häufiger eingesetzt. Zum Beispiel im Personalmanagement für die Verwaltung von Mitarbeiterdaten, Arbeitszeiten, Urlaubsplanung und Personalentwicklung. Oder bei der Erstellung von Rechnungen und der Überwachung von Zahlungen sowie der Kundendatenverwaltung. Diese Liste ist nicht abschließend, da Excel in vielen verschiedenen Berufen und Branchen eingesetzt wird.

1.2 SOLLTEST DU SCHON WISSEN

Hier sind einige der wichtigsten Excel-Fähigkeiten, die du bereits vor dem Lesen dieses Buchen beherrschen solltest:

- Navigation und Benutzeroberfläche: Du verstehst die grundlegende Struktur von Excel, wie z. B. Arbeitsmappen, Arbeitsblätter, Tabellen und Zellen. Du weißt, wie man durch die verschiedenen Menüs und Registerkarten navigiert.

- Dateneingabe und -formatierung: Du beherrschst das Eingeben, Bearbeiten und Formatieren von Daten in Zellen, einschließlich Zahlen, Text, Datum und Zeit.

- Grundlegende Formeln und Funktionen: Du kannst einfache Berechnungen und mathematische Operationen durchführen, wie z.B. Addition, Subtraktion, Multiplikation und Division.

- Zellen- und Zahlenformatierung: Du weißt, wie man Zellen formatiert, um den Inhalt übersichtlich und leicht verständlich zu gestalten. Dazu gehören das Ändern von Schriftarten, Größen, Farben, Rändern und Zahlenformaten wie Währung, Prozent und Datum.

1.3 HERAUSFORDERUNG VON HOMEOFFICE UND REMOTE JOBS

Im Homeoffice kann es schwieriger sein, Kenntnisse von Kollegen zu erlernen. Es fehlt der persönliche Kontakt und die unmittelbare Nähe zu Kollegen, was das spontane Lernen und den Austausch von Wissen, wie es in einem Büroumfeld üblich ist, erschwert. Die Kommunikation erfolgt über Emails, Chats oder Videoanrufe und diese Kommunikationsmittel schränken den Wissensaustausch ein. Es fehlen die informellen Lernmöglichkeiten, die wir aus dem Büroumfeld kennen, wie z.B. Gespräche in der Kaffeeküche, bei der Mittagspause oder bei spontanen Treffen. Wenn Kollegen außerdem noch unterschiedliche Arbeitszeiten haben, kann es im Homeoffice schwierig sein, gemeinsame Zeiten für den Wissensaustausch und die Zusammenarbeit zu finden.

Dieses Buch erhebt nicht den Anspruch, ein Excel-Lexikon zu sein, sondern soll aufgrund meiner langjährigen Berufserfahrung auch den fehlenden Wissenstransfer zwischen Mitarbeitern im Homeoffice kompensieren und eine praxisnahe Orientierungshilfe bieten.

1.4 WARUM DIESES BUCH?

Ziel dieses Buches ist es, dir zu helfen, Excel im Berufsalltag effektiv zu nutzen und damit den Erfolg deines Berufseinstiegs zu unterstützen. Aufgrund meiner langjährigen Erfahrung im Controlling, als CFO eines mittelständischen internationalen Unternehmens und als Unternehmensgründer fokussiere ich im Buch auf die folgenden Kenntnisse:

- Erfahre, wie du Daten in einer Tabelle sortierst und filterst, um spezifische Informationen schnell und effizient zu finden.

- Verstehe, wie man Tabellen erstellt und verwaltet, um Daten besser zu organisieren und Formatierung und Formeln zu nutzen.

- Lerne, wie du einfache Diagramme erstellst, um Daten visuell darzustellen.

- Verwende Excel-Tools wie Pivot-Tabellen und die Funktionen SUMMEWENN(), um Daten effektiv zu analysieren.

Indem du diese Excel-Kenntnisse erwirbst und weiterentwickelst, wirst du in der Lage sein, effektiv mit Daten zu arbeiten und deine Produktivität in kaufmännischen Berufen zu steigern.

1.5 VIELEN DANK

Ich möchte diesen Abschnitt nutzen, um So-Ra Kim, Lea Hansen und Ken Marx zu würdigen, ohne die dieses Buch nicht hätte Wirklichkeit werden können. Eure ehrliche Kritik und eurer scharfer Verstand haben maßgeblich dazu beigetragen, die Qualität dieses Werkes zu steigern. Eure Rückmeldungen waren eine Bereicherung. Von ganzem Herzen, danke.

KAPITEL 2
WICHTIGE TASTENKÜRZEL

Es gibt viele nützliche Tastenkürzel für Microsoft Excel, sowohl im Betriebssystem Windows als auch für Mac OS. Hier sind einige Tastenkürzel, um bestimmte Aufgaben schneller auszuführen, als wenn du die Maus verwendest. Das wird deine Arbeit beschleunigen und optimieren.

Der Einsatz von Tastenkürzeln in Excel erhöht nicht nur deine Produktivität. Es macht auch bei Arbeitskollegen Eindruck, da es zeigt, dass du effizient arbeiten und wertvolle Zeit sparen kannst.

Auf einem Windows Rechner gibt es im Fall einer deutschen Tastatur die Taste "Strg" (auf einer englischen Tastatur entspricht dies der Taste "command ⌘") und für Mac "command ⌘".

Drücke die "Strg"-Taste (bzw. "command"-Taste) und halte sie gedrückt. Drücke währenddessen eines der unten aufgeführten Buchstaben-Tasten und lasse dann beide Tasten los.

2.1 TASTENKÜRZEL KOPIEREN

Kopieren

Strg + c
(Windows)

command ⌘ + c
(Apple Mac OS)

Klicke auf eine Zelle oder wähle einen Zellenbereich (mehrere Zellen) aus, den du kopieren möchtest. Ist der Kopiervorgang erfolgreich, zeigt Excel eine gestrichelte oder blinkende Linie um die ausgewählte Zelle bzw. um den Zellenbereich, um anzuzeigen, dass sie kopiert wurden und bereit sind, an einer anderen Stelle eingefügt zu werden.

2.2 TASTENKÜRZEL EINFÜGEN

Einfügen

Strg + v
(Windows)

command ⌘ + v
(Apple Mac OS)

Nachdem du die Zelle oder den Zellenbereich kopierst hast, kannst du die Daten an einer anderen Stelle in der Tabelle einfügen, indem du das obige Tastenkürzel verwendest. Wähle dazu einfach die gewünschte Zielzelle aus und drücke das Tastenkürzel. Die kopierten Daten werden in die neue Position eingefügt.

Beachte jedoch, dass beim Einfügen der kopierten Daten auch die ursprüngliche Formatierung der Zielzelle(n) überschrieben wird.

Wenn du nur die Daten ohne die Formatierung einfügen möchtest, ist es besser das nächste Tastenkürzel "Inhalte einfügen" zu verwenden.

Die Zielzelle kann sich auch in einem anderen Arbeitsblatt (oder Tabellenblatt), einer anderen Excel-Datei oder in einer anderen Software (Word, PowerPoint, Email, etc.) befinden.

2.3 TASTENKÜRZEL INHALTE EINFÜGEN

Inhalte einfügen

Strg + ALT + v
   (Windows)

control ^ + command ⌘ + v
   (Apple Mac OS)

Das Tastenkürzel "Inhalte einfügen" ermöglicht es dir auszuwählen, welche Teile der kopierten Zelle (Daten, Formatierung, Formeln usw.) eingefügt werden sollen. In dem daraufhin erscheinenden Dialogfenster kannst du auswählen, welche Inhalte (z.B. nur Werte, Formeln oder Formate) eingefügt werden sollen.

Im unten dargestellten Beispiel wird nach dem Klick auf "OK" in die Zelle B4 nur der Wert "Formatierter Text" reingeschrieben - ohne den grünen Hintergrund, die rote Schriftfarbe und den Rahmen.

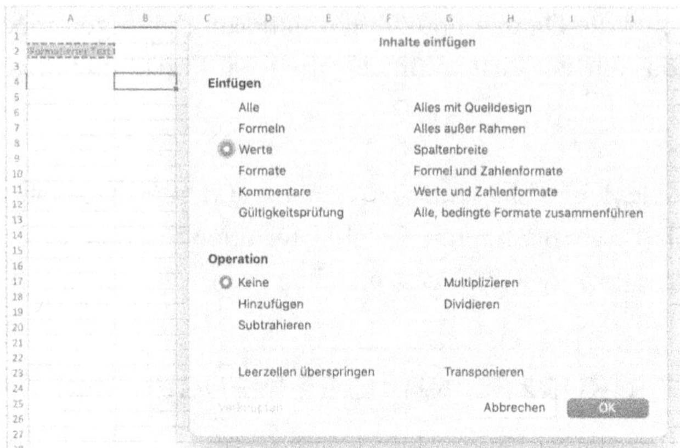

2.3 Bild Dialog „Inhalte Einfügen"

2.3.1 MIT DER "INHALTE EINFÜGEN" FUNKTION RECHENOPERATIONEN AUSFÜHREN

Die "Inhalte einfügen"-Funktion ist nicht nur zum Kopieren hilfreich, sondern eine praktische Alternative, verschiedene Rechenoperationen mit den Daten in deinen Zellen durchzuführen, ohne Formeln oder Funktionen verwenden zu müssen.

Ein Beispiel dafür ist die schnelle Umwandlung einer Zahlenreihe von z.B. monatlichen Umsätzen in Euro, die für einen Bericht in Tausenderbeträge umgewandelt werden sollen (Um die Lesbarkeit und Übersichtlichkeit der Daten zu verbessern, werden Finanzkennzahlen von Unternehmen in Berichten häufig in Tausenderbeträgen dargestellt).

Hier sind die Schritte, um dies zu tun:

- Trage in eine Zelle den Betrag 1.000 ein und kopiere (mit dem Kopieren-Tastenkürzel in Windows "Strg + c" oder in Mac mit "command ⌘ + c") die Zelle.

- Wähle nun die Zellen aus, in denen du die Rechenoperation durchführen möchtest - in diesem Fall die Zahlenreihe mit den monatlichen Umsätzen in Euro.

- Führe nun die Funktion "Inhalte einfügen" (mit dem Tastenkürzel in Windows "Strg + ALT + v" oder in Mac "control ^ + command ⌘ + v") aus.

- Es öffnet sich das Dialogfeld "Inhalte einfügen". Wähle hier aus den Optionen im unteren Bereich unter "Operation" die Rechenoperation „Dividieren" aus und Klicke auf "OK", um die ausgewählte Rechenoperation anzuwenden.

- Excel führt die Operation für jede Zelle in der Auswahl durch und ersetzt die vorhandenen Werte durch das Ergebnis. Wenn in einer der ausgewählten Zellen bisher der Betrag "1.234.567,89" stand findest Du nach der Durchführung der Operation dort den Betrag "1.234,57" bzw. wenn die Zelle nicht auf zwei Nachkommastellen formatiert wurde, dann den Betrag "1.234,56789".

Beachte, dass die "Inhalte einfügen"-Funktion nur einfache Rechenoperationen ausführen kann. Für komplexere Berechnungen, wie beispielsweise solche, die mehrere Bedingungen oder kundenspezifische Formeln erfordern, ist es ratsam, die integrierten Funktionen und Formeln von Excel zu verwenden.

2.3.2 MIT DER "INHALTE EINFÜGEN" FUNKTION ALS TEXT FORMATIERTE BETRÄGE IN ZAHLEN UMWANDELN

Ein anderer sinnvoller Einsatz der "Inhalte einfügen"-Funktion ist nach dem Kopieren von Zahlen aus Emails, PDFs oder anderen Software-Applikationen in Excel notwendig. Nämlich dann, wenn die Zahlen nach dem Reinkopieren in Excel als Text formatierte Beträge gelandet sind. Excel kann keine mathematischen Operationen oder Berechnungen mit Textwerten durchführen. Um Formeln oder Funktionen auf die Beträge anzuwenden, müssen sie zunächst in Zahlen umgewandelt werden. Oder wenn Zahlen als Text formatiert sind, funktionieren die Sortier- und Filteroptionen in Excel möglicherweise nicht wie erwartet. Excel sortiert Textwerte alphabetisch und nicht numerisch. Die Umwandlung der Textwerte in Zahlen stellt sicher, dass die Sortier- und Filterfunktionen korrekt arbeiten.

Um als Text formatierte Beträge mit der "Inhalte einfügen"-Funktion in echte Zahlen umzuwandeln, kannst du die Multiplikation mit 1 verwenden. Hier ist eine Anleitung, wie du das machen kannst:

- Gib den Wert 1 in eine leere Zelle ein und kopiere diesen Wert (mit dem Kopieren-Tastenkürzel in Windows "Strg + c" oder in Mac mit "command ⌘ + c").

- Wähle die Zellen aus, die die als Text formatierten Beträge enthalten, die du in echte Zahlen umwandeln möchtest.

- Führe mit der Tastenkombination in Windows "Strg + ALT + v" oder in Mac "control ^ + command ⌘ + v" die "Inhalte einfügen" Funktion aus.

- Im Dialogfeld "Inhalte einfügen" wähle die Option "Multiplizieren" unter "Operation" aus.

- Klicke auf "OK". Excel multipliziert nun jeden Textwert in den ausgewählten Zellen mit 1 und ersetzt die bisher als Text vorhandenen Werte durch echte Zahlen.

Beachte, dass diese Methode nicht immer bei Textwerten funktioniert, die keine gültigen Zahlen darstellen. In solchen Fällen können Fehler auftreten, und du musst möglicherweise andere Techniken anwenden, um den Text in Zahlen umzuwandeln, z.B. die Funktion "WECHSELN" oder "WERT".

2.3.3 MIT DER "INHALTE EINFÜGEN" FUNKTION REIHEN UND TABELLEN VERTIKAL/HORIZONTAL TRANSPONIEREN

Eine Tabelle von einer vertikalen auf eine horizontale Ausrichtung (oder umgekehrt) zu ändern, kann in verschiedenen Situationen sinnvoll sein: Platzoptimierung (Anzahl der Zeilen oder Spalten übersteigt die verfügbare Bildschirmbreite oder -Höhe), Anpassung an Berichts- oder Präsentationsanforderungen oder um den Vergleich mit Daten zu erleichtern.

Um eine Tabelle umzuwandeln, kannst du die "Inhalte einfügen"-Funktion in Verbindung mit der "Transponieren"-Option verwenden. Hier ist eine Anleitung, wie du das machen kannst:

- Wähle die gesamte Tabelle aus, die du umwandeln möchtest.

- Kopiere die ausgewählten Zellen.

- Klicke auf eine leere Zelle, an der du die umgewandelte Tabelle einfügen möchtest. Achte darauf, dass die Zelle weit genug entfernt ist, um Überschneidungen mit der ursprünglichen vertikalen Tabelle zu vermeiden. Du kannst die transponierten Tabellen oder Zellen auch in ein anderes Tabellenblatt oder eine andere Excel Datei transponiert einfügen.

- Verwende die Tastenkombination "Strg + ALT + v" in Windows oder in Mac "control ^ + command ⌘ + v".

- Im Dialogfeld "Inhalte einfügen" aktiviere das Kontrollkästchen "Transponieren" und klicke auf "OK".

Excel fügt nun die kopierten Zellen umgewandelt ein, wobei die Zeilen und Spalten vertauscht sind.

Die Transponieren-Option der "Inhalte einfügen"-Funktion in Excel, kann auch in anderen Tools und Anwendungen hilfreich sein, da sie die Möglichkeit bietet, Tabellendaten schnell und einfach zu ändern und neu anzuordnen. Ich übertrage oft Datenreihen aus Emails, PDF, PowerPoint und Word Dateien nach Excel um Zeilen und Spalten zu vertauschen und kopiere das Ergebnis dann wieder in die ursprüngliche Applikation zurück um dort mit den transponierten Datenreihen weiterzuarbeiten.

2.4 TASTENKÜRZEL RÜCKGÄNGIG MACHEN

Jeder macht Fehler - das ist völlig in Ordnung. Die Tastenkombination für "Rückgängig machen" erlaubt dir, diese Fehler schnell und vor allem sehr einfach zu korrigieren. Außerdem gibt die Tastenkombination dir die Freiheit, zu experimentieren und dabei zu lernen, ohne Angst vor irreparablen Fehlern zu haben. Manchmal führst du eine Aktion durch und merkst dann, dass sie nicht das gewünschte Ergebnis liefert. Mit "Rückgängig machen" kannst du sicherstellen, dass du immer einen Schritt zurückgehen und deine vorherige Arbeit wiederherstellen kannst.

<u>Rückgängig machen</u>

Strg + z
(Windows)

command ⌘ + z
(Apple Mac OS)

Das Tastenkürzel für "Rückgängig machen" kannst Du verwenden, um die letzte Aktion, die du durchgeführt hast, rückgängig zu machen.

Stelle nur sicher, dass du dich im Excel-Fenster befindest und das Arbeitsblatt aktiv ist, auf dem du die letzte Aktion rückgängig machen möchtest. Diese Tastenkombination bewirkt, dass die zuletzt ausgeführte Aktion rückgängig gemacht wird.

Falls du mehrere Schritte rückgängig machen möchtest, drücke mehrmals auf die Tastenkombination, um mehrere Aktionen nacheinander rückgängig zu machen. Beachte jedoch, dass die Anzahl der Schritte, die rückgängig gemacht werden können, begrenzt ist.

2.5 TASTENKÜRZEL WIEDERHOLEN

<u>Wiederholen</u>

Strg + y
(Windows)

command ⌘ + y
(Apple Mac OS)

Umgekehrt kannst du das Tastenkürzel "Wiederholen" verwenden, um Aktionen, die du rückgängig gemacht hast, erneut auszuführen.

Die Tastenkürzel "Rückgängig machen" und "Wiederholen" werden m.E. von vielen unterschätzt und helfen mir sehr oft, Zeit und Mühe zu sparen, Fehler zu beheben und den Arbeitsablauf zu optimieren. Hier sind einige Situationen, in denen ich, diese Tastenkürzel einsetze:

- Unsicherheit bzw. Fehlerkorrektur: Wenn Du glaubst einen Fehler gemacht zu haben, wie zum Beispiel das Löschen einer falschen Zelle, das Überschreiben von Daten oder die Anwendung einer falschen Formatierung, kannst du das Tastenkürzel "Rückgängig machen" verwenden, um die letzte Aktion schnell rückgängig zu machen und den Fehler zu beheben. Falls doch alles richtig war, kannst Du sehr schnell mit dem Tastenkürzel "Wiederholen" zum aktuellen Status zurück.

- Experimentieren: Während du mit verschiedenen Formatierungen, Formeln oder Funktionen experimentierst, um das gewünschte Ergebnis zu erzielen, kannst du das Tastenkürzel "Rückgängig machen" verwenden, um unerwünschte Änderungen rückgängig zu machen und zurück zum vorherigen Zustand zu gelangen.

- Vergleichen von Ergebnissen: Wenn du verschiedene Optionen oder Einstellungen ausprobierst und die Ergebnisse vergleichen möchtest, können die Tastenkürzel "Rückgängig machen" und "Wiederholen" nützlich sein, um zwischen verschiedenen Zuständen hin und her zu wechseln, ohne die Aktionen manuell ausführen zu müssen.

2.6 TASTENKÜRZEL SUCHEN

<u>Suchen</u>

Strg + f
  (Windows)

command ⌘ + f
  (Apple Mac OS)

Das Tastenkürzel "Suchen" öffnet das Dialogfeld, um den gewünschten Suchbegriff in das Textfeld einzugeben und mit "⏎" (= Taste Eingabe, Return oder Enter) die Suche zu starten. Excel hebt dann die Zelle hervor, in der der Suchbegriff gefunden wurde.

• • •

Dies ist hilfreich, weil es die Navigation und das Auffinden von Daten in großen oder komplexen Arbeitsblättern erleichtert. Hier sind einige Gründe, warum das Suchen-Tastenkürzel nützlich ist:

- Zeitersparnis: Anstatt manuell durch das Arbeitsblatt zu scrollen, um nach bestimmten Daten oder Informationen zu suchen, kannst du mit dem Suchen-Tastenkürzel schnell und einfach den gewünschten Inhalt finden. Dies hilft, deinen Arbeitsablauf zu optimieren.

- Fehler vermeiden: Bei der manuellen Suche nach Daten in einem Arbeitsblatt besteht die Möglichkeit, dass du etwas übersiehst, den falschen Wert auswählst oder die gesuchten Daten nicht findest. Die Suchfunktion findet zuverlässig und präzise die Daten.

- Schnelle Navigation: In umfangreichen oder komplexen Arbeitsblättern mit vielen Zeilen und Spalten kann es schwierig sein, sich zurechtzufinden und bestimmte Datenpunkte zu finden. Das Suchen-Tastenkürzel erleichtert die Navigation, indem es dich direkt zu den gesuchten Daten führt.

- Übersichtlichkeit: Durch die Verwendung des Suchen-Tastenkürzels kannst du gezielt nach bestimmten Begriffen oder Werten suchen, ohne durch irrelevante Informationen abgelenkt zu werden. Dies erhöht die Übersichtlichkeit und erleichtert die Arbeit mit großen Datensätzen.

2.7 TASTENKÜRZEL ALLES AUSWÄHLEN

Alles auswählen

Strg + a
(Windows)

command ⌘ + a
   (Apple Mac OS)

Drücke das Tastenkürzel für "Alles auswählen", während das Arbeitsblatt aktiv ist. Dies wählt alle Zellen im aktiven Arbeitsblatt aus. Beachte, dass wenn du innerhalb einer Tabelle oder eines Datensatzes bist und das Tastenkürzel für "Alles auswählen" drückst, zuerst nur der Tabellenbereich ausgewählt wird. Drücke erneut, um das gesamte Arbeitsblatt auszuwählen.

Wann ist das Alles auswählen-Tastenkürzel nützlich?

Zeitersparnis: Schnell alle Zellen im Arbeitsblatt auswählen, ohne manuell jede Zelle anklicken oder mehrere Zellen mit gedrückter Maustaste auswählen zu müssen.

Einfache Formatierung: Wenn du das gesamte Arbeitsblatt formatieren möchtest, zum Beispiel die Schriftart, Schriftgröße oder Zellfarbe ändern, kannst du das Tastenkürzel "Alles auswählen" verwenden, um alle Zellen gleichzeitig auszuwählen und die gewünschten Formatierungsänderungen vorzunehmen.

2.8 TASTENKÜRZEL GESAMTE SPALTE MARKIEREN

Gesamte Spalte markieren

Strg + Leertaste
   (Windows)

control ^ + Leertaste
   (Apple Mac OS)

Um die gesamte Spalte zu markieren, stelle sicher, dass eine Zelle in der gewünschten Spalte aktiv ist. Drücke dann die Tastenkombination "Strg + Leertaste" bzw. in Mac "control ^ + Leertaste". Dadurch wird die gesamte Spalte markiert, in der sich die aktive Zelle befindet.

2.9 TASTENKÜRZEL GESAMTE ZEILE MARKIEREN

Gesamte Zeile markieren

UMSCHALT ⇧ + Leertaste
(Windows)

UMSCHALT ⇧ + Leertaste
(Apple Mac OS)

Um die gesamte Zeile zu markieren, stelle sicher, dass eine Zelle in der gewünschten Zeile aktiv ist. Drücke dann die Tastenkombination "Umschalt + Leertaste". Dadurch wird die gesamte Zeile markiert, in der sich die aktive Zelle befindet.

Bei der Ansicht oder Analyse von umfangreichen Tabellen ist es hilfreich, eine gesamte Spalte oder Zeile zu markieren und damit den Fokus auf den ausgewählten Bereich zu lenken. Das erleichtert die Orientierung innerhalb der Tabelle und macht die Daten übersichtlicher. Außerdem werden Zusammenhänge zwischen den Datenpunkten innerhalb dieser Spalte oder Zeile deutlich sichtbar. Das hilft dir, Muster und Trends schneller zu erkennen und besser zu verstehen.

2.10 TASTENKÜRZEL SPEICHERN

Speichern

Strg + s
(Windows)

command ⌘ + s
   (Apple Mac OS)

Das Tastenkürzel "Speichern" ermöglicht es dir, deine Arbeit schnell und einfach zu sichern, ohne den Arbeitsablauf zu unterbrechen. Am besten wird es zu deiner Gewohnheit, regelmäßig zu speichern, was das Risiko von Datenverlust verringert. Je häufiger du speicherst, desto weniger Arbeit musst du im Falle eines Datenverlusts erneut erledigen.

2.11 TASTENKÜRZEL ZELLEN FORMATIEREN

<u>Zellen formatieren</u>

Strg + 1
   (Windows)

command ⌘ + 1
   (Apple Mac OS)

Obwohl das Tastenkürzel Zellen formatieren für die graphische Darstellung von Zellen verwendet werden kann, wie Schriftart, Schriftgröße und Zellfarbe, ist es vor allem für Zahlenformate von Bedeutung.

Zahlenformate sind entscheidend für die korrekte Darstellung von Zahlen in einer Tabelle. Durch das Anpassen von Zahlenformaten wie Datum, Währung, Prozent, Dezimalstellen und Tausender-Trennzeichen stellst du sicher, dass die Zahlen in deiner Tabelle klar und verständlich dargestellt werden.

Das Tastenkürzel erspart Zeit, wenn du eine Zahl in einer Zelle schnell mal mit z.B. deutlich mehr als nur zwei Nachkommastellen prüfen möchtest.

2.12 TASTENKÜRZEL NAVIGATION

Zum Ende einer Datenreihe springen (oben, rechts, unten, links)

Strg + ↑ (oder ⋯→ ↓ ←⋯)
   (Windows)

command ⌘ + ↑ (oder ⋯→ ↓ ←⋯)
   (Apple Mac OS)

Bereich einer Datenreihe auswählen

Strg + Umschalttaste + ↑ (oder ⋯→ ↓ ←⋯)
   (Windows)

command ⌘ + Umschalttaste + ↑ (oder ⋯→ ↓ ←⋯)
   (Apple Mac OS)

KAPITEL 3
MIT TABELLEN ARBEITEN

Excel hilft dir, (komplexe) Datenmengen zu organisieren, analysieren und visualisieren. Mit Tabellen kannst du Informationen strukturiert und übersichtlich darstellen, sodass sie leichter zu verstehen und zu bearbeiten sind. Tabellen sind essentiell, um Daten effizient zu verwalten, sowie um fundierte Entscheidungen auf der Grundlage von Datenanalysen zu treffen. In diesem Kapitel erläutere ich tabellenbezogene Funktionen.

3.1 TABELLEN SORTIEREN

Stelle sicher, dass deine Tabelle übersichtlich gestaltet ist und alle Spaltenüberschriften enthält, die die darunterliegenden Daten beschreiben. Klicke auf eine Zelle innerhalb der Tabelle, die du sortieren möchtest.

Falls du nur eine bestimmte Auswahl von Zellen sortieren möchtest, markiere diesen Bereich.

· · ·

Achtung: Wenn du nur einen markierten Bereich sortierst, statt die gesamte Tabelle, werden die restlichen Zellen in der Zeile nicht mit verschoben. Dadurch können Daten auseinandergerissen und der Zusammenhang zwischen den Daten in derselben Zeile verloren gehen. Die Daten in den nicht markierten Spalten bleiben unverändert, wodurch die Werte in den verschiedenen Spalten nicht mehr miteinander korrespondieren. Aufgrund des Verlusts des Zeilenkontexts können Analysen und Berichte, die auf den teil-sortierten Daten basieren, fehlerhaft oder irreführend sein.

Meine Empfehlung ist es, stets die gesamte Tabelle oder den gewünschten zusammenhängenden Datenbereich zu sortieren, anstatt nur einzelne Spalten oder Zellen.

Um zur Sortier-Funktion zu gelangen, gibt es vier Möglichkeiten:

1. Gehe zur Registerkarte "Start" in der Excel-Menüleiste und klicke in der Gruppe "Bearbeiten" auf "Sortieren und filtern".
2. Gehe zur Registerkarte Daten und klicke dort auf "Sortieren"
3. Klicke in der Auswahl auf die rechte Maustaste und wähle in der Auswahl auf "Sortieren"
4. Klicke im obersten Menüband auf die Registerkarte Daten und dort in der Auswahl auf "Sortieren"

Meine präferierte Vorgehensweise ist die Letzte, wobei ich auch den zweiten Weg empfehle. Der dritte Weg über die rechte Maustaste öffnet nicht das Sortier-Menü, weshalb ich diese Alternative nicht empfehle.

Es erscheint nun das folgende Sortier-Menü. Falls deine Tabelle eine Kopfzeile enthält, die nicht sortiert werden soll, aktiviere die Option "Meine Liste hat Kopfzeilen" im Dialogfeld rechts oben, um diese Zeile aus der Sortierung auszuschließen.

• • •

Wähle nun im Sortier-Menü die Spalte aus, nach der du die Tabelle sortieren möchtest. Wähle dann die Option "A-Z" (aufsteigend) oder "Z-A" (absteigend) aus, um die Sortier-Reihenfolge zu bestimmen.

Du könntest auch nach Zellformatierungen wie Schriftfarbe, Zellfarbe oder Symbolen sortieren, indem du die Option "Zellfarbe", "Schriftfarbe" oder "Zellsymbol" auswählst. Bislang bin ich in meiner beruflichen Laufbahn keiner Tabelle begegnet, bei der dies von Vorteil gewesen wäre.

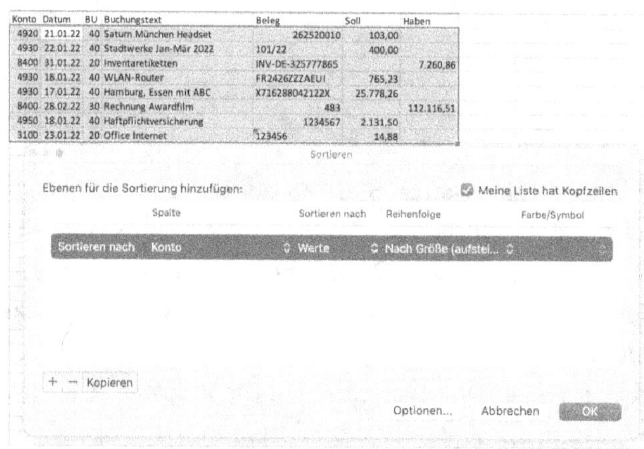

Konto	Datum	BU	Buchungstext	Beleg	Soll	Haben
4920	21.01.22	40	Saturn München Headset	262520010	103,00	
4930	22.01.22	40	Stadtwerke Jan-Mär 2022	101/22	400,00	
8400	31.01.22	20	Inventaretiketten	INV-DE-325777865		7.260,86
4930	18.01.22	40	WLAN-Router	FR2426ZZZAEUI	765,23	
4930	17.01.22	40	Hamburg, Essen mit ABC	X716288042122X	25.778,26	
8400	28.02.22	30	Rechnung Awardfilm	483		112.116,51
4950	18.01.22	40	Haftpflichtversicherung	1234567	2.131,50	
3100	23.01.22	20	Office Internet	123456	14,88	

3.1 Bild Darstellung des Sortieren Dialogs

Klicke auf "OK" im Dialogfeld, um die Sortierung anzuwenden.

Wenn du nach mehreren Spalten sortieren möchtest, kannst du im Dialogfenster links unten durch Klick auf "+" verschiedene Sortierebenen hinzufügen oder durch Klick auf "-" die Ebenen entfernen. Je Sortierebene kannst du die Spalten auswählen, nach denen du sortieren möchtest, und die Sortierreihenfolge festlegen (aufsteigend oder absteigend).

3.2 TRICK, UM ZUR ORIGINALSORTIERUNG ZURÜCKZUKEHREN

Manchmal sortieren wir Tabellen um Analysen, Ergänzungen oder Datenreinigungen (Löschungen) durchzuführen, doch nach Abschluss dieser Arbeiten möchten wir wieder zur ursprünglichen Sortierung zurückkehren, um die ursprüngliche Darstellung und Struktur beizubehalten.

Ergänze dafür vor diesen Arbeiten deine Tabelle um eine leere Spalte, die als Hilfsspalte für die Originalsortierung dienen wird. Nummeriere die Zeilen in dieser Hilfsspalte fortlaufend (z.B. Aufsteigend 1, 2, 3, usw.) damit alle Zeilen fortlaufend nummeriert sind. Sortiere deine Tabelle nach den gewünschten Kriterien, um Analysen, Ergänzungen oder Datenreinigungen durchzuführen. Dabei bleibt die Hilfsspalte unberührt.

Wenn du mit den Änderungen fertig bist und zur ursprünglichen Sortierung zurückkehren möchtest, sortiere die Tabelle einfach nach der Hilfsspalte. Wähle dazu die gesamte Tabelle aus, öffne das Sortier-Menü und wähle die Hilfsspalte als Sortierkriterium. Stelle sicher, dass du "Aufsteigend" als Sortierreihenfolge auswählst.

Nachdem du zur Originalsortierung zurückgekehrt bist, kannst du die Hilfsspalte entfernen oder löschen.

3.3 FORMATIERUNG VON TABELLEN

Die sorgfältige Formatierung von Spalten in Excel-Tabellen trägt zu einer besseren Organisation und Präsentation von Daten bei und erleichtert die Zusammenarbeit mit Kollegen.

· · ·

Um dies zu verdeutlichen, betrachte die Spalten A und B sowie D und E. Beide Paare enthalten dieselben Daten:

	A	B	C	D	E
1	Datum	Betrag		Datum	Betrag
2	2022-01-31	39247,1		31.01.22	39.247,10
3	28.2	10785,74		28.02.22	10.785,74
4	28.2.22	101.425,82		28.02.22	101.425,82
5	31.3.22	18.600		31.03.22	18.600,00
6	31. Mär. 22	73780,48		31.03.22	73.780,48
7	April 22	92174,83		30.04.22	92.174,83
8	31.5.2022	77.923,590		31.05.22	77.923,59
9	30.06.22	99.947,51		30.06.22	99.947,51
10	31.7.22 12:00 AM	12318,63		31.07.22	12.318,63

3.3 Bild Tabelle

- **Lesbarkeit und Verständlichkeit:** Die Spalten D und E sind angemessen formatiert und verbessern die Lesbarkeit und Verständlichkeit der Daten, indem die Formatierung den Inhalt der Zellen optisch strukturiert. Das macht die Tabelle insgesamt benutzerfreundlicher.

- **Konsistenz:** Besonders, wenn du mit großen Datenmengen oder mehreren Tabellen arbeitest, sorgt die richtige Formatierung für Konsistenz in der Darstellung von Daten. Die konsistente Formatierung erleichtert den Vergleich der Daten und verhindert Verwirrung (siehe dazu Spalte A als schlechtes Gegenbeispiel).

- **Fehlervermeidung:** Die richtige Formatierung trägt dazu bei, Fehler bei der Dateneingabe und -verarbeitung zu vermeiden. Die Formatierung von Zellen als zum Beispiel Datum, Währung oder Prozent stellt sicher, dass die eingegebenen Werte korrekt interpretiert und verarbeitet werden. Auch hier gilt die Zelle A7 als schlechtes

Gegenbeispiel: der Wert in der Zelle ist 30.04.2022, aber die falsche Formatierung kann dazu führen, dass der Betrag als Monatswert interpretiert wird.

- **Professionelles Erscheinungsbild:** Die gut formatierte Tabelle wirkt professioneller und trägt dazu bei, dass deine Arbeit von Kollegen, Vorgesetzten oder Kunden positiver wahrgenommen wird.

3.4 TABELLEN FILTERN

Eine der nützlichsten Funktionen, die Excel bietet, ist das Filtern von Tabellen. Nun erfährst du, wie du in Excel Tabellen filterst und warum das so nützlich ist.

3.4.1 FILTER AKTIVIEREN

Um das Filtern in Excel zu nutzen, klicke zunächst auf eine Zelle innerhalb der Tabelle, die du filtern möchtest. Gehe dann entweder

- zur Registerkarte Daten und klicke dort auf "Filtern" oder

- klicke im obersten Menüband auf die Registerkarte Daten und dort in der Auswahl auf "AutoFilter"

Du wirst feststellen, dass kleine Dropdown-Pfeile neben den Überschriften der Spalten erscheinen. Ich habe im Bild die Dropdown-Pfeile für Demonstrationszwecke mit einem grünen Rahmen hervorgehoben.

Datum		Betrag	
	31.01.22	39.247,10	
	28.02.22	10.785,74	
	28.02.22	101.425,82	
	31.03.22	18.600,00	
	31.03.22	73.780,48	

3.4.1 Bild Tabelle

3.4.2 FILTERKRITERIEN AUSWÄHLEN

Klicke auf den Dropdown-Pfeil der Spalte, die du filtern möchtest. Es öffnet sich ein Menü, in dem du die Filterkriterien auswählen kannst. Du hast die Möglichkeit, bestimmte Werte auszuwählen oder die Daten nach Text, Zahlen oder Datumsangaben zu filtern. Du kannst auch benutzerdefinierte Filter erstellen, um spezifische Bedingungen festzulegen.

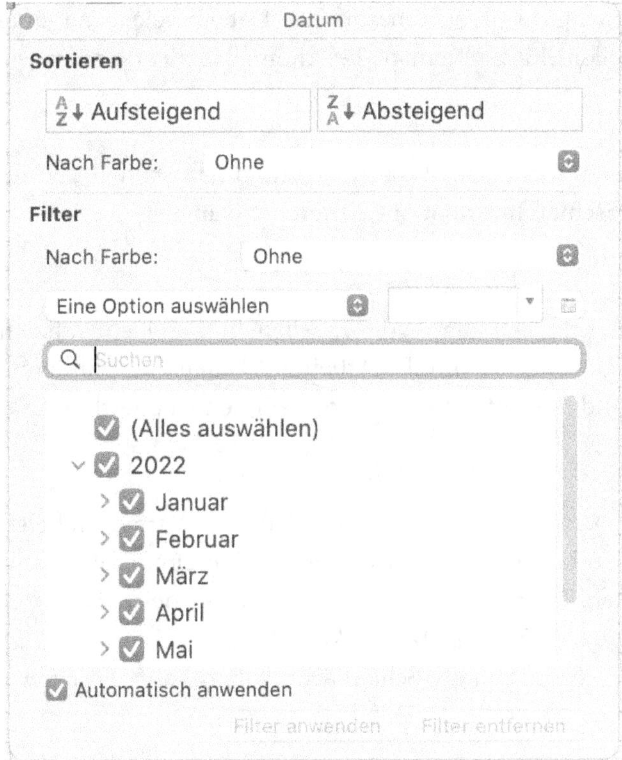

3.4.2 Bild Filterkriterien Dialog

3.4.3 MEHRERE FILTER KOMBINIEREN

Du kannst mehrere Filter gleichzeitig anwenden, um die Daten weiter einzugrenzen. Wiederhole einfach die Schritte 1 und 2 für jede zusätzliche Spalte, die du filtern möchtest.

3.4.4 WOFÜR IST DAS FILTERN VON TABELLEN GUT?

Durch das Filtern von Tabellen kannst du den Fokus auf relevante Daten legen und unwichtige Informationen ausblenden. Das macht die Tabelle übersichtlicher und leichter verständlich.

• • •

Es ermöglicht dir, gezielt bestimmte Datenbereiche zu untersuchen und schneller Muster, Trends oder Anomalien zu erkennen.

Bei der Datensuche sparst du ggfs. Zeit, da du schnell und gezielt auf die gewünschten Informationen zugreifen kannst.

Insgesamt ist das Filtern von Tabellen in Excel ein effizientes und nützliches Werkzeug, um die Arbeit mit Daten zu optimieren und die Analyse und Präsentation von Informationen zu erleichtern.

Um alle ursprünglichen Daten einer gefilterten Tabelle wieder anzeigen zu lassen, ohne in jeder Spalte den Dropdown-Pfeil manuell anzuklicken, kannst du dir Zeit ersparen, in dem du auf eine Zelle innerhalb der gefilterten Tabelle klickst, zur Registerkarte Daten gehst und dort rechts neben der Schaltfläche "Filtern" auf "Löschen" klickst.

3.4.4 Bild Filter löschen

KAPITEL 4
MIT DATUM ARBEITEN

Das Arbeiten mit Datumswerten hat einige Besonderheiten, die es von anderen Datentypen unterscheidet. In diesem Kapitel werfe ich einen Blick darauf, wie Datumswerte in Excel funktionieren und welche einzigartigen Aspekte sie mit sich bringen.

4.1 DATUM ALS WERT

Datumswerte werden als fortlaufende Zahlen gespeichert, die als "Seriennummern" bezeichnet werden. Das bedeutet, dass jedes Datum eine eindeutige Zahl repräsentiert. Für Excel beginnt die Zählung am 1. Januar 1900, der Seriennummer 1. Zum Beispiel entspricht der 1. Januar 2021 der Seriennummer 44.196.

Diese Darstellung von Datumswerten ermöglicht es Excel, einfache und komplexe Berechnungen mit Datumswerten durchzuführen, z. B. das Hinzufügen oder Subtrahieren von Tagen oder die Berechnung der Differenz zwischen zwei Daten.

· · ·

Äußerst seltener Nachteil: Wenn du versuchst, ein Datum vor dem 1. Januar 1900 in eine als Datum formatierte Zelle einzugeben, wird Excel das eingegebene Datum nicht korrekt erkennen und es möglicherweise als Text darstellen.

4.2 FORMATIERUNG VON DATUMSWERTEN

Excel bietet eine Vielzahl von Datumsformaten, mit denen du die Darstellung von Datumswerten anpassen kannst. Hier einige Beispiele wie Excel das Datum 31. Januar 2022 darstellen kann:

31.1
31.1.22
31.01.22
31.1.2022
31. Januar 2022
usw.

Unabhängig von der gewählten Formatierung bearbeit Excel immer den gleichen Datumswert.

Die Vielzahl von Datumsformaten in Excel ist für internationale Konzerne oder Dateien im Austausch mit ausländischen Kollegen oder Partnern hilfreich.

Verschiedene Länder und Kulturen haben unterschiedliche Konventionen zur Darstellung von Datumswerten. Während in Europa das übliche Datumsformat TT/MM/JJ ist ("31.01.22") wird in den USA das Format MM/TT/JJ ("01.31.22") und in Japan JJ/MM/TT ("22.01.31") verwendet. Indem Excel eine Vielzahl von Datumsformaten unterstützt, ermöglicht es den Benutzern, Daten gemäß den örtlichen Gegebenheiten und Präferenzen darzustellen. Dies erleichtert das Verständnis und die Kommunikation von datumsbezogenen Informationen in der internationalen Zusammenarbeit.

4.3 DATUM UND UHRZEIT

Excel kann auch Datum und Uhrzeit gemeinsam speichern und verarbeiten. Uhrzeiten werden als Dezimalbrüche dargestellt, wobei der Bruchteil eines Tages der Uhrzeit entspricht. Zum Beispiel entspricht 12:00 Uhr (Mittag) 0,5, da es die Hälfte eines Tages ist. Datum und Uhrzeit können gemeinsam als Wert gespeichert und in Berechnungen verwendet werden.

Das Datum 31.01.2022 hat die Seriennummern **44592**. Der 31.01.22 12:00 Uhr hat damit die Seriennummern **44592,5**. Oder die Seriennummern **44592,65** entspricht damit dem 31.01.22 15:36 Uhr.

Während Finanzzahlen von Unternehmen eher in Jahren, Quartalen und Monaten berichtet werden, ist die Fähigkeit von Excel, Datum und Uhrzeit als Seriennummern zu verarbeiten, für eine Vielzahl von Anwendungen hilfreich. Einige der wichtigsten Anwendungsbereiche sind:

- **Zeitbasierte Berechnungen:** Die Umwandlung von Datum und Uhrzeit in Seriennummern ermöglicht es, Differenzen zwischen zwei Zeitpunkten zu berechnen, etwa um die Anzahl der Tage, Stunden oder Minuten zwischen zwei Ereignissen zu ermitteln.

- **Online Analytics:** Bei der Analyse von Online Traffic und eCommerce Kennzahlen wie hourly volume of transactions, conversion rate, churn rate, etc..

- **Projektmanagement und Planung:** In Excel können Zeitpläne, Fristen und Meilensteine für Projekte effektiv verwaltet werden. Die Fähigkeit, mit Datum und Uhrzeit zu arbeiten, erleichtert die Berechnung von Dauer und Arbeitsaufwand.

- **Zeiterfassung und Personalmanagement:** Zur Erfassung von Arbeitszeiten, Urlaubstagen und Überstunden. Dies erleichtert die Berechnung von Gesamtstunden und die Verwaltung von Personalressourcen.

- **Inventar- und Bestandsmanagement:** Bei der Verfolgung von Lagerbeständen, Haltbarkeitsdaten und der Planung von Bestellzyklen ist dies sehr hilfreich.

- **Statistische Analysen:** Es ermöglicht die Durchführung von Zeitreihenanalysen, Saisonalitätsanalysen und Trendprognosen.

- **Logistik und Lieferkettenmanagement:** Bei der Planung von Lieferterminen, der Ermittlung von Transportzeiten und der Verwaltung von Lieferkettenprozessen ist dies hilfreich.

4.4 DATUMSFUNKTIONEN

Excel bietet eine Reihe von Funktionen, die speziell für das Arbeiten mit Datumswerten entwickelt wurden. Dazu gehören Funktionen wie DATUM, DATUMWERT und HEUTE. Diese Funktionen ermöglichen es, Datumswerte zu erstellen, zu konvertieren oder zu berechnen, was bei der Analyse und Verarbeitung von datumsbezogenen Daten hilfreich ist.

4.4.1 FUNKTION DATUM

Die Funktion DATUM erlaubt dir, ein gültiges Datum auf Basis von Jahr, Monat und Tag zu erstellen. Für die Funktion gilt die die folgende Syntax:

· · ·

=DATUM(Jahr, Monat, Tag)

- **Jahr:**Eine Zahl ab 1900, die das Jahr repräsentiert (z. B. 2023).
- **Monat:**Eine Zahl zwischen 1 und 12, die den Monat repräsentiert.
- **Tag:**Eine Zahl zwischen 1 und 31, die den Tag repräsentiert.

Beispiel: Wenn du ein Datum für den 31.01.22 erstellen möchtest, würdest du die Funktion wie folgt verwenden:

=DATUM(2022, 1, 31)

Die DATUM-Funktion ist hilfreich, wenn du mit Datumswerten arbeiten musst, bei denen die Jahr-, Monats- und Taginformationen aus separaten Quellen (z.B. eigenen Spalten) stammen, oder wenn du Datumswerte erstellen möchtest, die auf Berechnungen basieren.

4.4.2 FUNKTION DATUMWERT

DATUMWERT ist eine nützliche Funktion, um einen Textwert, der ein Datum darstellt, in ein serielles Datum gemäß 4.1 umzuwandeln. Es gilt die folgende Syntax:

=DATUMWERT(Text)

Wobei der Text ein Datum in einem gültigen Datumsformat vorlegen muss. Beispiel: Um den Text "31.01.2022" in ein serielles Datum umzuwandeln, musst du die Funktion wie folgt verwenden:

=DATUMWERT("31.01.2022")

. . .

Die Funktion gibt dann den Wert "44592" zurück, der das serielle Datum für den 31. Januar 2022 darstellt. Du kannst diesen seriellen Datumswert in ein formatiertes Datum umwandeln, indem du die Zelle mit dem Ergebnis auswählst und das gewünschte Datumsformat anwendest.

Die DATUMWERT-Funktion ist besonders nützlich, wenn du mit Daten arbeitest, die als Text importiert oder eingegeben wurden und für Berechnungen oder Analysen in ein serielles Datum umgewandelt werden müssen.

4.4.3 FUNKTION HEUTE

Die Funktion HEUTE liefert dir das aktuelle Datum, basierend auf dem Systemdatum deines Computers. Einerseits ist die HEUTE-Funktion nützlich, wenn du aus Excel heraus ansprechende Berichte mit Datumsangaben erstellst, die direkt von deinem Gerät präsentiert, als PDF versendet oder sogar ausgedruckt werden sollen. Andererseits eignet sich die Funktion für Berechnungen, die in Bezug zum aktuellen Datum stehen, wie zum Beispiel die Ermittlung der Anzahl Tage seit einem Ereignis oder die Berechnung der verbleibenden Tage bis zu einem bestimmten Datum.

Folgende Syntax gilt für die HEUTE Funktion:

=HEUTE()

Die Funktion hat keine Argumente, und sobald du die Formel in die Zelle eingegeben hast, zeigt Excel das aktuelle Datum in der Zelle an. Wenn du beispielsweise die Funktion HEUTE am 21. März 2023 eingibst, wird das Ergebnis "21.03.2023" lauten. Beachte, wenn du also die Arbeitsmappe an einem anderen Tag öffnest, wird die Funktion HEUTE das neue aktuelle Datum anzeigen.

Die Funktion kann auch besonders geeignet verwendet werden, um Fristen zu überwachen ("X Tage noch bis zur Deadline").

4.5 NICHT ERKANNTE DATUMSWERTE

Kaum eine Excel-Datei im Arbeitsleben, in der keine Datumswerte vorkommen. Dafür spielen Datumswerte in zu vielen Geschäftsbereichen eine entscheidende Rolle:

im Projektmanagement, im Personalmanagement für die Verwaltung von Mitarbeiterdaten, wie Eintrittsdatum, Geburtstage, Urlaubstage oder Krankheitstage, für Finanzanalysen, im Vertrieb und Marketing, im Bestands- und Lieferkettenmanagement, für

Berichterstattung und Datenanalyse, usw.. Deswegen dieses Kapitel.

Es gibt allerdings Fälle, in denen Excel ein Datum möglicherweise nicht erkennt. Dazu gehören:

- **Inkonsistente Datumsformate:** Excel erkennt das Datum möglicherweise nicht, wenn das Datumsformat nicht mit den Systemeinstellungen deines Computers oder den in Excel verwendeten Datumsformaten übereinstimmt. Zum Beispiel kann die Verwendung des amerikanischen Datumsformats (MM.TT.JJJJ) in einem System, das auf das europäische Format (TT.MM.JJJJ) eingestellt ist, zu Verwirrung führen.

- **Ungültige Datumswerte:** Wenn ein Datum Werte enthält, die nicht gültig sind, wie z.B. einen 13. Monat oder einen 32. Tag.

- **Textformate:** Wenn eine Zelle, die ein Datum enthält, als Text formatiert ist, behandelt Excel den Wert als Text und nicht als Datum. Dies kann insbesondere bei importierten Daten aus anderen Quellen (z.B. Import einer CSV-Datei) oder bei manuell eingegebenen Daten auftreten.

- **Trennzeichen:** Wenn die Trennzeichen in einem Datum nicht den erwarteten Werten entsprechen, kann Excel das Datum nicht erkennen. Zum Beispiel kann die Verwendung von Bindestrichen anstelle von Punkten in einem System, das Punkte erwartet, dazu führen, dass Excel das Datum nicht erkennt.

- **Reihenfolge der Datumsangaben:** Die Reihenfolge der Datumsangaben (Tag, Monat, Jahr) kann, je nach den Systemeinstellungen und den in Excel verwendeten Datumsformaten, variieren. Wenn die Reihenfolge der Datumsangaben nicht den Erwartungen entspricht, erkennt Excel das Datum möglicherweise nicht.

Um solche Probleme zu beheben, stelle sicher, dass die Datumsformate in Excel und auf deinem Computer übereinstimmen und dass die eingegebenen Daten gültig sind. Bei Bedarf kannst du auch die Funktion DATUMWERT oder benutzerdefinierte Formate verwenden, um Textwerte in Datumsangaben umzuwandeln.

Sich mit Datumswerten in Excel gut auszukennen, wirkt sich positiv auf deine Arbeit und die Zusammenarbeit mit Kollegen aus. Du vermeidest eigene Fehler, erledigst Aufgaben schneller, aber vor allem kannst du anderen Kollegen bei der Lösung von Problemen helfen und so zur Verbesserung der Zusammenarbeit.

KAPITEL 5
SVERWEIS FUNKTION

SVERWEIS (in Englisch: VLOOKUP) ist eine nützliche Funktion in Excel, die verwendet wird, um in einer Tabelle nach einem Wert zu suchen und einen zugehörigen Wert aus einer anderen Spalte der gleichen Zeile zurückzugeben.

In der unten dargestellten Tabelle einer Fußball-Liga soll nach der Anzahl Punkte der Manschaft "DSC 99" gesucht werden.

	A	B	C	D	E
1	**Platz**	**Mannschaft**	**Sp.**	**Torv.**	**Punkte**
2	1	Ratingen 04/19	14	58:11	36
3	2	BV 04 Düsseldorf	13	41:9	31
4	3	SG Unterrath 12/24	14	37:18	31
5	4	**DSC 99**	13	26:14	**29**
6	5	VfB 03 Hilden	13	43:20	27
7	6	SC Schwarz-Weiß Düsseldorf 06 e.V.	13	27:28	18
8	7	ASV Tiefenbroich	13	29:31	18

5. Bild Fußball-Liga Excel Tabelle

Die SVERWEIS Funktion sucht dann nur in der Spalte der Mannschaften nach dem Namen "DSC 99". Sobald die Funktion diese Mannschaft findet, wird in der gleichen Zeile (in diesem Fall die Zeile 5) der Wert aus der Spalte, in der die Punkte berichtet werden, als Ergebnis der Funktion zurückgegeben. Das Ergebnis ist 29 Punkte.

Die SVERWEIS Formel lautet immer:

=SVERWEIS(Suchkriterium; Matrix; Spaltenindex; [Bereich_Verweis])

Für das obige Beispiel sieht die Formel wie folgt aus:

= SVERWEIS("DSC 99"; B2:E8;4;0)

- **Suchkriterium:** Der Wert, nach dem du in der ersten Spalte der Matrix suchen möchtest. Dies kann eine Zahl, ein Text, eine Zelle oder eine Formel sein. Wir suchen in der ersten Spalte der Matrix, welche die Spalte der Mannschaften ist, den "DSC 99".

- **Matrix:** Ist der Bereich, in dem ein Wert gesucht werden soll. Die erste Spalte der Matrix wird für die Suche verwendet, während die anderen Spalten die zurückzugebenden Werte enthalten.

- In der Fußball-Liga Tabelle gibt es fünf Spalten. Diese sind: Platz, Mannschaft, Sp., Torv. und Pkt..

- In Excel Tabellen werden Spalten mit Buchstaben referenziert. Spalte A enthält den Platz, Spalte B die Mannschaft und damit enthält Spalte E die Punkte.

- Die Zeilen werden nummeriert. In Zeile 1 stehen die Spaltentitel und die eigentlichen Daten der Tabelle beginnen in Zeile 2 und enden in Zeile 8 (da sieben Mannschaften aufgeführt sind).

- Da wir anhand der Mannschaft den Wert der Punkte suchen wollen, umfasst die Matrix für die Funktion den Bereich B2:E8. Die Matrix beginnt in der Spalte B weil die SVERWEIS Funktion immer in der ersten Spalte einer Matrix sucht (würden wir die Matrix mit **A**2:E8 definieren, würde die Funktion immer eine Fehlermeldung melden, da sie in der ersten Spalte (= Punkte) niemals den "DSC 99" finden wird).

- **Spaltenindex:** Die Nummer (= Index) der Spalte innerhalb der Matrix, aus der der entsprechende Wert zurückgegeben werden soll. Die erste Spalte hat den Index 1, die zweite den Index 2 und so weiter. Bitte beachte unbedingt, dass die Nummerierung der Spalten innerhalb der Matrix und nicht innerhalb der Tabelle gilt. Da die Matrix ab Spalte B definiert wurde, hat die Spalte der Punkte (= Spalte E) den Index 4 (es ist die vierte Spalte in der Matrix). Hätten wir die Matrix ab Spalte A definiert, hätte die Spalte der Punkte den Index 5.

- Wichtig: ich hätte die Matrix auch mit B2: **Z**8 definieren können, solange der Spaltenindex mit 4 bestimmt wird, liefert die Funktion als Ergebnis den Wert aus der Spalte der Punkte (= Spalte E).

- **[Bereich_Verweis]:** Ein Parameter, der angibt, ob eine exakte Übereinstimmung oder eine Näherungswert-Suche ausgeführt werden soll. Gib "0" ein, um nur nach einer exakten Übereinstimmung zu suchen, oder "1", um nach einem annähernden Wert zu suchen. In 20 Jahren Berufserfahrung habe ich keine Anwendung gefunden, in der es Sinn gemacht hätte, nach einem annähernden Wert zu suchen. Deswegen empfehle ich hier unbedingt <u>immer</u> "0" anzugeben.

Die Punkte einer Mannschaft in der Tabelle einer Fußball-Liga lassen sich ohne technische Hilfe einfach manuell ermitteln. Der Name des Kontos 4901 aus einem Sachkontenplan, der von Konto 0005 bis 9998 sich aus einer Liste von ungefähr tausend Konten ergibt, erzeugt bereits etwas Arbeit.

	A	B
1	Konto	Kontobezeichnung
96	4635	Geschenke n. abzugsfähig ohne §37b EStG
97	4640	Repräsentationskosten
98	4650	Bewirtungskosten
99	4653	Aufmerksamkeiten
100	4654	Nicht abzugsfähige Bewirtungskosten
101	4660	Reisekosten Arbeitnehmer
102	4663	Reisekosten Arbeitnehmer, Fahrtkosten
103	4664	Reisekosten AN Verpfleg.mehraufwand
104	4666	Reisekosten AN Übernachtungsaufwand
105	4806	Wartungskosten für Hard- und Software
106	4822	Abschreibung immaterielle VermG
107	4830	Abschreibungen auf Sachanlagen
108	4855	Sofortabschreibung GWG
109	4900	Sonstige betriebliche Aufwendungen
110	4901	Personalvermittlung
111	4910	Porto
112	4920	Telefon
113	4925	Telefax und Internetkosten
114	4930	Bürobedarf
115	4940	Zeitschriften, Bücher (Fachliteratur)
116	4945	Fortbildungskosten
117	4950	Rechts- und Beratungskosten
118	4955	Buchführungskosten
119	4957	Abschluss- und Prüfungskosten
120	4964	Aufwendungen für Lizenzen, Konzessionen
121	4969	Aufwand Abraum-/Abfallbeseitigung
122	4970	Nebenkosten des Geldverkehrs
123	4980	Sonstiger Betriebsbedarf
124	8336	Nicht steuerbare s. Leistung § 18b UStG
125	8338	Nicht steuerbare Umsätze Drittland
126	8400	Erlöse Werbekunden19% USt

5.b Bild Tabelle

Im Arbeitsalltag besonders hilfreich wird die SVERWEIS Funktion durch die Möglichkeit, dass man das Suchkriterium in der Funktion als Zellbezug statt als festen Wert angeben kann.

. . .

Dazu das folgende Beispiel, in dem ich um eine Analyse eines Datenexportes aus der Buchhaltung gebeten werde. Das Bild zeigt einen kleinen Ausschnitt einer viele hundert Zeilen langen Excel Tabelle. Ein erster sinnvoller Schritt in der Analyse der Beträge und Daten ist es, die Bezeichnung der Konten Nr. in Spalte A zu kennen.

	A	B	C	D	E	F	G
1	Konto	Datum	BU	Buchungstext	Beleg	Soll	Haben
161	4920	21.01.22	40	Saturn München Headset	262520010	103,00	
162	4930	22.01.22	40	Stadtwerke Jan-Mär 2022	101/22	400,00	
163	8400	31.01.22	20	Inventaretiketten	INV-DE-325777865		7.260,86
164	4930	18.01.22	40	WLAN-Router	FR2426ZZZAEUI	765,23	
165	4930	17.01.22	40	Hamburg, Essen mit ABC	X716288042122X	25.778,26	
166	8400	28.02.22	30	Rechnung Awardfilm	483		112.116,51
167	4950	18.01.22	40	Haftpflichtversicherung	1234567	2.131,50	
168	3100	23.01.22	20	Office Internet	123456	14,88	

5.c Bild Tabelle eines Kontoexportes

Hier erleichtert die Fähigkeit, das Suchkriterium als Zellbezug einzugeben, sehr viel Arbeit. In Spalte H fügen wir mit der SVERWEIS für jede Zeile den Konten-Namen der Konten in Spalte A hinzu. Für die tausend Zeilen lange Tabelle bedarf es nur der einmaligen Definition der SVERWEIS Funktion, die dann auf die restliche Spalte H kopiert werden kann und einem Kontenplan in Excel wie im obigen Bild auf den die SVERWEIS Funktion als Matrix referenzieren kann.

	A	B	C	D	E	F	G	H
1	Konto	Datum	BU	Buchungstext	Beleg	Soll	Haben	Konto-Name
161	4920	21.01.22	40	Saturn München Headset	262520010	103,00		=SVERWEIS(A161;Kontenplan!A:B;2;0)
162	4930	22.01.22	40	Stadtwerke Jan-Mär 2022	101/22	400,00		Bürobedarf
163	8400	31.01.22	20	Inventaretiketten	INV-DE-325777865		7.260,86	Erlöse Werbekunden19% USt
164	4930	18.01.22	40	WLAN-Router	FR2426ZZZAEUI	765,23		Bürobedarf
165	4930	17.01.22	40	Hamburg, Essen mit ABC	X716288042122X	25.778,26		Bürobedarf
166	8400	28.02.22	30	Rechnung Awardfilm	483		112.116,51	Erlöse Werbekunden19% USt
167	4950	18.01.22	40	Haftpflichtversicherung	1234567	2.131,50		Rechts- und Beratungskosten
168	3100	23.01.22	20	Office Internet	123456	14,88		Fremdleistungen

5.d Bild Tabelle eines Kontoexportes ergänzt mit Spalte „Konto-Name"

- **Suchkriterium:** Statt als Suchkriterium "4920" einzugeben, was in der nächsten Zeile 162 zu einem falschen Ergebnis führen würde (oder es notwendig macht, in der Zeile 162 das Suchkriterium auf "4930" zu ändern), verwendet die

SVERWEIS Funktion als Suchkriterium das Konto, dass in der jeweiligen Zelle in Spalte A steht (deswegen bezieht sich das Suchkriterium in der SVERWEIS Funktion in der Zelle **H161** auf die Zelle **A161**). Durch den Bezug auf die Zelle A161 gilt in der SVERWEIS für das Suchkriterium der Wert "4920".

- **Matrix:** Der oben in der Abbildung dargestellte Kontenplan befindet sich in einem anderen Arbeitsblatt mit dem Namen "Kontenplan". Dort stehen alle Konten mit der Konto-Nr in Spalte A und dem Kontonamen in Spalte B.

- Hier folgt ein weiterer hilfreicher Vorteil der SVERWEIS Funktion: Wenn du die Matrix definierst, indem du nur die Spalten angibst (z.B. wie im Beispiel mit "A:B"), geht Excel davon aus, dass du alle Zeilen in diesen Spalten für die Matrix verwenden möchtest.

- Falls Du die Matrix mit Zeilen definierst (z.B. A2:B155), ist es wichtig, auf die Referenzierung der Matrix zu achten. So vermeidest du unerwartete Ereignisse oder Fehler, wenn du die SVERWEIS-Funktion kopierst oder in andere Zellen ziehst. Für den Fall, dass du relative Zellbezüge verwendest, ändert sich der Zellbezug entsprechend der Position der kopierten Zelle. In 99,9% der Fälle möchtest du jedoch, dass die Matrix konstant bleibt, während du die SVERWEIS-Formel kopierst.

- Um dies zu erreichen, musst du absolute Zellbezüge für die Matrix in der SVERWEIS-Funktion verwenden. Absolute Zellbezüge bleiben unverändert, wenn die Formel kopiert oder verschoben wird. Du kennzeichnest einen absoluten Zellbezug, indem du ein Dollarzeichen ($) vor den Zeilenbezeichnungen einfügst. Richtig wäre dann A$2:B$155. Absolute Zellbezüge lassen sich auch auf

Spalten, Bezügen und in allen anderen Excel Funktionen anwenden.

- **Spaltenindex:** Die Matrix besteht aus zwei Spalten. In der ersten Spalte stehen die Kontonummern, in denen das Konto im Suchkriterium gesucht wird und sobald die Suche erfolgreich war, gibt die Funktion den Kontennamen aus der zweiten Spalte B zurück. Deswegen steht hier als Spaltenindex die 2.

- **[Bereich_Verweis]:** Ohne Kommentar - bitte hier immer 0 eingeben.

Die in Zelle H161 erstellte SVERWEIS Funktion kann nun auf alle Zellen in Spalte H herunter kopiert werden und spart sehr viel Zeit für alle in Spalte A aufgeführten Kontonummern in Spalte H den jeweiligen Kontoname darzustellen.

Die SVERWEIS Funktion wird im Alltag sehr oft verwendet. Wenn man z.B. einer Liste mit Produkt-Codes oder Produkt-IDs den Produktnamen, den Produktpreis, den Namen des Projektverantwortlichen, usw. hinzufügen möchte.

KAPITEL 6
SUMMEWENN FUNKTION

ie SUMMEWENN-Funktion ermöglicht es dir, bedingte Summen basierend auf bestimmten Kriterien zu berechnen.

Die Syntax:

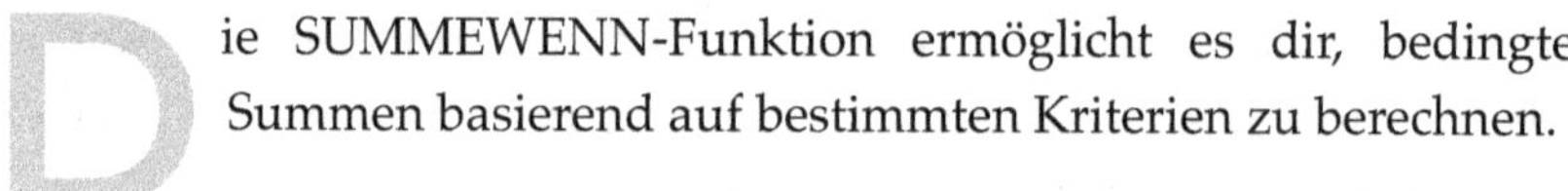

=SUMMEWENN(Überprüfungs-Bereich, Kriterien, Summen-Bereich)

- **Überprüfungs-Bereich:** Der Bereich, in dem die Kriterien überprüft werden.

- **Kriterien:** Die Bedingung, die erfüllt sein muss, damit die Zellen im Summen-Bereich summiert werden.

- **Summen-Bereich:** Der Bereich, aus dem die zu summierenden Werte stammen. Wenn dieser Bereich nicht angegeben wird, verwendet Excel den Bereich, der für die Kriterien angegeben wurde.

. . .

Für das untige Beispiel sieht die Formel wie folgt aus:

=SUMMEWENN(C4:C16;C1;F4:F16)

- **Überprüfungs-Bereich:** C4:C16

- **Kriterien:** C1 - hier kann auch eine andere Produktgruppe eingetippt werden

- **Summen-Bereich:** F4:F16

In der Darstellung habe ich alle relevanten Felder, das Kriterium in Zelle C1 und die betroffenen Felder im Überprüfungs-Bereich (innerhalb von C4:C16) und im Summen-Bereich (innerhalb F4:F16) grün markiert.

	A	B	C	D	E	F	G
1			Laptop		Produktgruppe:	**2.083.912,00**	
2							
3	**Datum**	**Artikel Id**	**Produktgruppe**	**Filiale**	**Volumen**	**Umsatz**	
4	31.01.19	10001	Laptop	Hamburg	721	757.194,20	
5	01.02.19	10205	PC	Berlin	259	193.009,39	
6	31.12.18	13010	Tablet	München	916	305.220,36	
7	30.06.19	10207	PC	München	605	450.852,05	
8	01.07.19	10001	Laptop	Köln	330	339.942,90	
9	30.06.19	13033	Tablet	Hamburg	612	203.924,52	
10	01.09.19	10025	Laptop	Frankfurt	297	306.257,49	
11	10.07.19	10210	PC	Frankfurt	206	153.513,26	
12	04.07.19	15010	Kopfhörer	Hamburg	763	92.483,23	
13	11.07.19	10025	Laptop	Hannover	673	680.517,41	
14	30.09.19	10207	PC	Köln	162	120.724,02	
15	30.09.19	13010	Tablet	Berlin	630	209.922,30	
16	01.10.19	10210	PC	Berlin	953	710.185,13	
17							

6. Bild Tabelle mit markierten Zellen

Die SUMMEWENN-Funktion erweist sich als besonders praktisch, wenn du eine einfache und schnelle Lösung zur Berechnung von Summen auf Basis einer einzigen Bedingung benötigst. Die Funktion ist in solchen Fällen leichter zu implementieren und benötigt weniger Zeit und Aufwand als das Erstellen einer Pivot-Tabelle. Vor allem bei kleineren und weniger komplexen Datensätzen ist die Verwendung der SUMMEWENN-Funktion oft die effizientere Wahl. Zudem ist die SUMMEWENN-Funktion erforderlich, wenn man innerhalb einer Tabelle, häufig oberhalb des Tabellenkopfes oder seltener am Ende der Datensätze, Summen anzeigen möchte, die auf bestimmten Kriterien basieren.

Wenn du komplexe Datenanalysen und Zusammenfassungen durchführen möchtest, solltest du eher eine Pivot-Tabelle verwenden.

KAPITEL 7
PIVOT-TABELLEN

m heute datengetriebenen Arbeitsalltag sind Tabellen ein unverzichtbares Werkzeug für die Analyse und Verwaltung von Daten. Eine der leistungsstärksten Funktionen von Excel ist die Pivot-Tabelle, die es dir ermöglicht, in kürzester Zeit komplexe Zusammenfassungen und Analysen durchzuführen.

7.1 WAS SPRICHT FÜR DEN EINSATZ VON PIVOT-TABELLEN?

Pivot-Tabellen bieten dir eine effiziente Möglichkeit, umfangreiche Datenmengen übersichtlich darzustellen.

Sie ermöglichen es dir, Daten nach verschiedenen Kriterien zu sortieren, zu filtern und zu gruppieren. So kannst du schnell und einfach Muster und Trends identifizieren, die in deinen Daten verborgen sind.

. . .

Wenn du mehrere Bedingungen oder Gruppierungen berücksichtigen musst, sind Pivot-Tabellen im Vergleich zu herkömmlichen Funktionen wie SUMMEWENN besser geeignet.

7.2 ERSTELLEN EINER PIVOT-TABELLE

Um eine Pivot-Tabelle zu erstellen, musst du zuerst deinen Datensatz auswählen. Achte darauf, dass die Daten gut strukturiert sind und keine leeren Zeilen oder Spalten enthalten. Sobald der Datensatz markiert ist, kannst du entweder

- zur Registerkarte Daten "Einfügen" und dann auf "PivotTable" oder

- im obersten Menüband auf die Registerkarte Daten und dort in der Auswahl auf "Mit PivotTable zusammenfassen"

klicken. Excel öffnet dann den "PivotTable erstellen" Dialog. Ich empfehle dir, die Pivot Tabelle immer in einem "Neuen Arbeitsblatt" erstellen zu lassen.

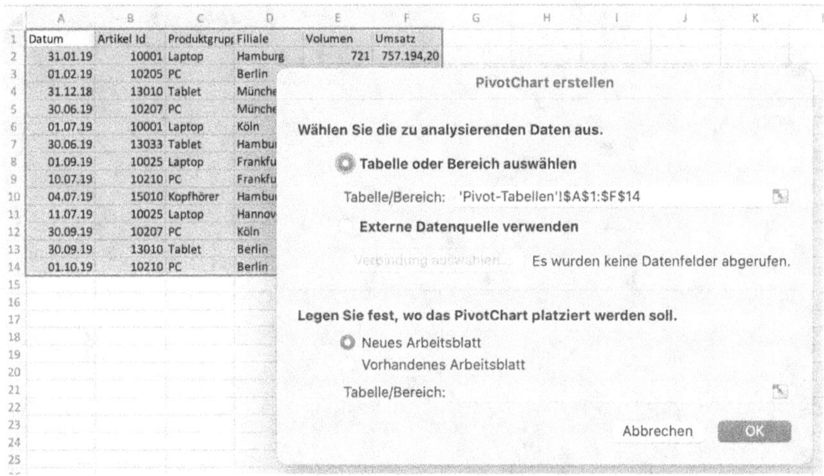

7.2 Bild PivotChart Erstellen Dialog

Zudem ziehe ich es vor, im Gegensatz zur oben im Bild dargestellten Methode, bei der Auswahl und Definition des Tabellenbereichs die gesamten Spalten zu markieren. Dies ermöglicht es dir, die Daten in der Tabelle nach der initialen Erstellung der Pivot-Tabelle kontinuierlich zu erweitern. Beispielsweise können neue Tages- oder Monatswerte hinzugefügt werden. Die bereits erstellte Pivot-Tabelle muss dann lediglich aktualisiert werden. Anstelle der Zellen A1:F14 würde ich also die Spalten A:F auswählen.

Nach dem Klick auf OK erstellt Excel automatisch eine neue Arbeitsmappe, in der du deine Pivot-Tabelle gestalten und nach deinen Bedürfnissen anpassen kannst.

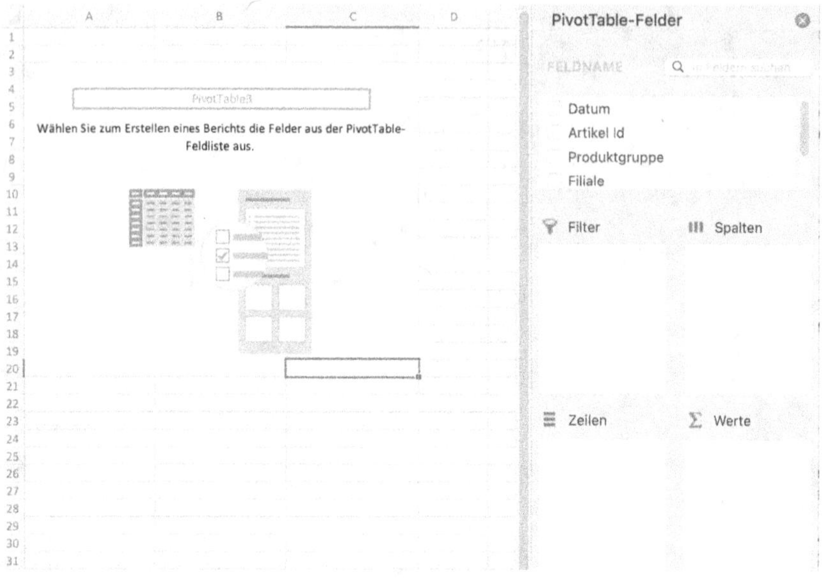

7.2b PivotTable Felder Dialog

Du kannst Spalten, Zeilen und Werte aus deinem Datensatz auswählen und diese in der Pivot-Tabelle anordnen. Du kannst diese Felder aus den Bereichen Filter, Zeilen, Spalten und Werte jederzeit entfernen oder neue Felder hinzufügen, um die Anordnung und Darstellung der Daten in deiner Pivot-Tabelle zu ändern. Das macht das Arbeiten mit Pivot-Tabellen so effektiv.

7.3 IN EINER PIVOT-TABELLE SPALTEN, ZEILEN, FILTER UND WERTE ANORDNEN

Wie ordnest Du Spalten, Zeilen, Filter und Werte an?

- Im "PivotTable-Felder" Dialog , die normalerweise rechts von der Pivot-Tabelle angezeigt wird, siehst du die verfügbaren Felder aus deinem Datensatz. Jedes Feld repräsentiert eine Spalte aus dem markierten Tabellenbereich.

- Um ein Feld als Zeile zu verwenden, ziehe das gewünschte Feld aus der Feldliste in den Bereich "Zeilen" in der unteren rechten Ecke der PivotTable-Feldliste.

- Um ein Feld als Spalte zu verwenden, ziehe das gewünschte Feld aus der Feldliste in den Bereich "Spalten" in der unteren rechten Ecke der PivotTable-Feldliste.

- Um ein Feld als Wert zu verwenden, ziehe das gewünschte Feld aus der Feldliste in den Bereich "Werte" in der unteren rechten Ecke der PivotTable-Feldliste.

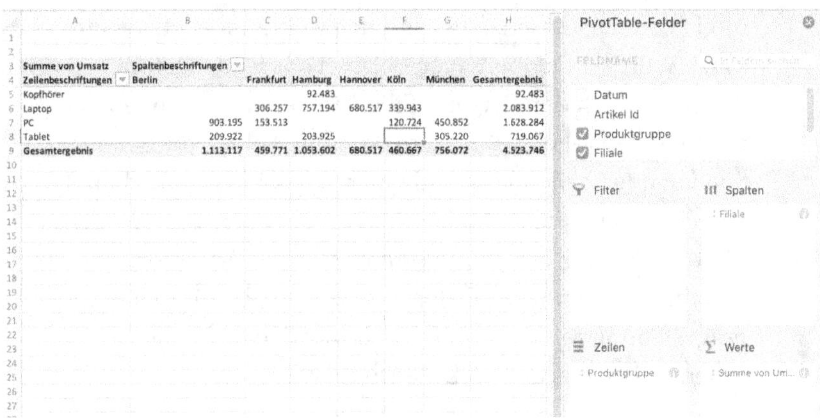

Summe von Umsatz	Spaltenbeschriftungen						
Zeilenbeschriftungen	Berlin	Frankfurt	Hamburg	Hannover	Köln	München	Gesamtergebnis
Kopfhörer			92.483				92.483
Laptop		306.257	757.194	680.517	339.943		2.083.912
PC	903.195	153.513			120.724	450.852	1.628.284
Tablet	209.922		203.925			305.220	719.067
Gesamtergebnis	1.113.117	459.771	1.053.602	680.517	460.667	756.072	4.523.746

7.3 Bild Pivot Tabelle

Standardmäßig berechnet Excel eine Summe für numerische Felder.

7.4 DAS KONZEPT VON SPALTEN, ZEILEN, FILTER UND WERTE

Die Kombination von Spalten, Zeilen und Filtern ermöglicht es dir, die Daten auf verschiedene Weise anzuordnen und zu analysieren.

- **Spalten:** Daten horizontal anordnen, um diese nach verschiedenen Kategorien zu gruppieren, wie zum Beispiel Filialen.

- **Zeilen:** Bieten eine vertikale Anordnung der Daten, um diese nach weiteren Kriterien zu gliedern, ähnlich wie bei Spalten. Im obigen Beispiel nach der Produktgruppe.

- **Filter:** Erlauben es, die angezeigten Daten basierend auf spezifischen Kriterien einzuschränken und ermöglichen es dir, nur die relevanten Informationen für deine Analyse anzuzeigen. Zum Beispiel kannst du einen Filter verwenden, um Daten nur für einen bestimmten Zeitraum anzuzeigen (dazu würdest Du im obigen Beispiel das Feld "Datum" aus der Feldliste in den Bereich "Filter" in der oberen linken Ecke der PivotTable-Feldlist ziehen). Wichtig: Felder, die bereits in Spalten oder Zeilen verwendet werden, können trotzdem auch in den Filterbereich gezogen und angewendet werden. Mit dem Einsatz eines Filters kannst du die Analyse verfeinern, um nur die Daten anzuzeigen, die für deine Fragestellung relevant sind. Das ermöglicht es dir, gezielte Erkenntnisse aus deinen Daten zu gewinnen.

Durch das Anordnen von Daten in Spalten und Zeilen kannst du Vergleiche und Trends innerhalb dieser Kategorien leicht erkennen. Spalten und Zeilen können auch mehrere Ebenen enthalten, um eine hierarchische Struktur innerhalb der Daten abzubilden, wie zum Beispiel eine Unterteilung nach Produktgruppe und Artikel Id.

7.5 FUNKTIONEN AUF WERTE ANWENDEN

Du kannst Werte nicht aufsummieren lassen, sondern auch Berechnungen, wie Durchschnittswerte oder prozentuale Anteile durchführen.

- Um die Berechnung auf z.B. Durchschnittswerte zu ändern, klicke im Bereich "Werte" in der unteren rechten Ecke der PivotTable-Feldliste auf das kleine Symbol rechts neben dem Feld.

- Es öffnet sich dann das Dialogfeld "Wertfeldeinstellungen" in dem du die Zusammenfassungsfunktion von "Summe" auf "Mittelwert" ändern kannst, indem du "Mittelwert" aus der Liste der verfügbaren Funktionen auswählst.

- Eine andere empfehlenswerte Funktion aus der Liste ist "Anzahl".

- Klicke auf "OK", um die Änderungen zu übernehmen.

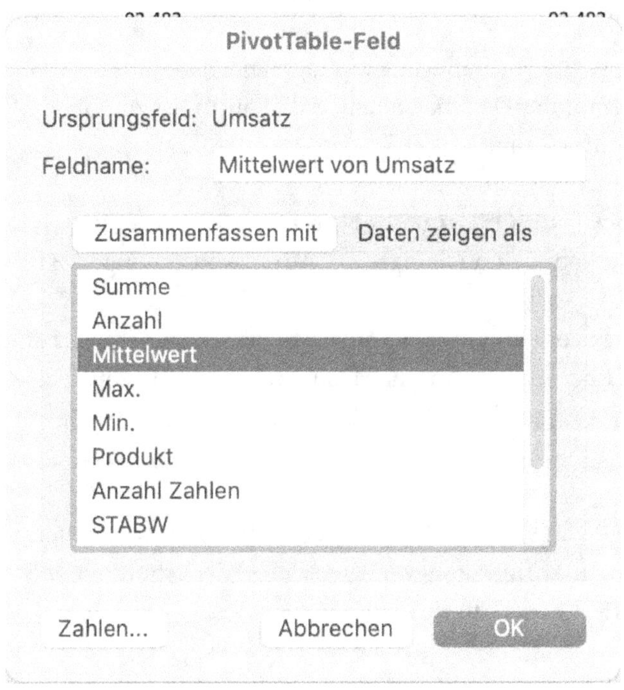

7.5 Bild PivotTable-Feld Dialog

Die Pivot-Tabelle sollte nun die Durchschnittswerte für das ausgewählte Feld berechnen und anzeigen.

7.6 WERTE FORMATIEREN

Öffne das Dialogfeld "Wertfeldeinstellungen" in dem du im Bereich "Werte" in der unteren rechten Ecke der PivotTable-Feldliste auf das kleine Symbol rechts neben dem Feld klickst.

- Klicke auf die Schaltfläche "Zahlenformat" in der unteren linken Ecke des Fensters.

- Im Dialogfeld "Zellen formatieren" wähle die gewünschte Formatierungskategorie im linken Bereich aus, z. B. "Währung", "Prozent" oder "Datum".

- Passe die Formatierungsoptionen nach Bedarf an, z. B. die Anzahl der Dezimalstellen, das Währungssymbol oder das Datumsformat.

- Klicke auf "OK", um das Formatierungsfenster zu schließen und kehre zum Dialogfeld "Wertfeldeinstellungen" zurück.

- Klicke erneut auf "OK", um die Formatierungsänderungen zu übernehmen und das Dialogfeld zu schließen.

Die ausgewählten Werte in der Pivot-Tabelle sollten nun im gewünschten Format angezeigt werden. Wiederhole diese Schritte für jeden Wertetyp, den du formatieren möchtest.

7.7 PIVOT-TABELLEN AKTUALISIEREN

Warum ist es wichtig, Pivot-Tabellen zu aktualisieren? Um zu gewähr-leisten, dass die Analyseergebnisse und Zusammenfassungen korrekt sind. Veraltete oder unvollständige Daten können zu fehlerhaften Schlussfolgerungen führen und die Qualität deiner Arbeit beeinträchtigen. Es ist besonders wichtig, wenn du eine Datei öffnest, die eine Pivot-Tabelle beinhaltet, welche auf einer Tabelle basiert, die entweder von dir selbst oder von jemand anderem verändert wurde und vor dem Speichern der Datei die Pivot-Tabelle nicht aktualisiert wurde.

Wenn du Änderungen an den zugrunde liegenden Daten vornimmst, wie das Hinzufügen, Löschen oder Ändern von Zeilen oder Spalten, werden diese Änderungen nicht automatisch in der Pivot-Tabelle angezeigt. Durch das Aktualisieren der Pivot-Tabelle stellst du sicher, dass sie die neuesten Daten enthält.

Wie aktualisierst du eine Pivot-Tabelle in Excel?

Klicke auf eine beliebige Zelle innerhalb der Pivot-Tabelle. Dadurch wird die Registerkarte "PivotTable-Analyse" (oder "PivotTable-Tools" in älteren Excel-Versionen) im Menüband aktiviert. Wähle in der Registerkarte "PivotTable-Analyse" die Option "Daten aktualisieren". Die Pivot-Tabelle wird sofort aktualisiert, um die neuesten Änderungen in den zugrunde liegenden Daten zu berücksichtigen.

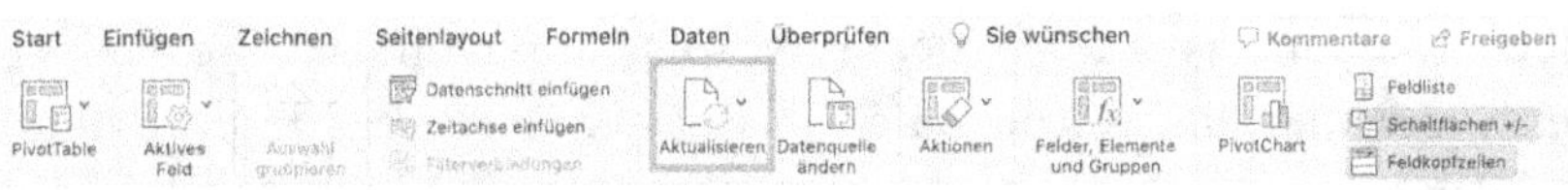

7.7 Bild PivotTable-Analyse Dialog

Alternativ kannst du auch die Tastenkombination Alt+F5 verwenden, während du dich in der Pivot-Tabelle befindest, um sie schnell zu aktualisieren. Oder klicke mit der **rechten** Maustaste auf eine ausgewählte Zelle in der Pivot-Tabelle, wodurch ein Kontextmenü angezeigt wird, in dem du die Option "Aktualisieren" findest. Klicke auf diese Option, um die Pivot-Tabelle zu aktualisieren.

7.8 REGISTERKARTEN BENENNEN

Beim Arbeiten mit Pivot-Tabellen ist es wichtig, die Registerkarten sowohl der zugrunde liegenden Tabelle als auch der Pivot-Tabelle selbst sinnvoll zu benennen.

Klare und aussagekräftige Namen für die Registerkarten erleichtern die Organisation deiner Arbeitsmappen. Du kannst auf einen Blick erkennen, welche Registerkarte die Rohdaten enthält und welche Registerkarte die Pivot-Tabelle darstellt.

Ich verwende für die Registerkarte der Tabelle mit den Rohdaten z.B. in allen meinen Arbeitsmappen immer den Namen "Daten". Ich empfehle, den gewählten Namen konsistent in allen Dateien zu verwenden, um Einheitlichkeit und leichtere Nachverfolgung zu gewährleisten. Die Namen der Registerkarten mit den Pivot-Tabelle bennene ich immer mit "Übersicht" und einer Ergänzung z.B. "Übersicht je Kostenträger".

Außerdem erleichtern gut benannte Registerkarten die Zusammenarbeit und Kommunikation mit Kollegen, Vorgesetzten oder Kunden. Wenn sie deine Arbeitsmappe öffnen, können sie leichter verstehen, welche Daten in welcher Registerkarte präsentiert werden.

7.9 BESONDERE ANWENDUNGSFÄLLE VON PIVOT-TABELLEN

Die folgenden Einsätze von Pivot-Tabellen dienen, um sehr bestimmte Herausforderungen im Alltag sehr schnell zu klären und haben sich über die Jahre als oft wiederholte und erprobte Anwendungsfälle herausgestellt, die ich hier mit euch teilen möchte.

7.9.1 DUBLETTEN FINDEN

Obwohl Pivot-Tabellen nicht speziell für das Auffinden von Doubletten entwickelt wurden, können sie dennoch sehr schnell und einfach dabei helfen, Duplikate (Triplette, Vierlinge, usw.) in einer langen Liste zu identifizieren. Hier ist, wie Du das machen kannst:

Wähle in Excel den Bereich aus, in dem Du nach Dubletten suchen möchtest und erstelle mit diesem eine Pivot-Tabelle. Im rechten Bereich "PivotTable-Felder" ziehe das Feld, in dem Du nach Dubletten suchen möchtest, in die Bereiche "Zeilen" und "Werte". Dadurch werden die eindeutigen Werte in dem Feld als Zeilen in der Pivot-Tabelle angezeigt und die Anzahl der Vorkommen jedes Werts wird als Wert gezählt.

Falls in der Spalte Werte die Summen oder eine andere Funktion gebildet werden, klicke auf das kleine "i" neben dem Wert im Bereich "Werte" und wähle "Wertfeldeinstellungen".

Wähle im Dialogfeld die Funktion "Anzahl" und klicke auf "OK". Die Pivot-Tabelle zeigt nun die Anzahl der Vorkommen jedes Werts in dem ausgewählten Feld an.

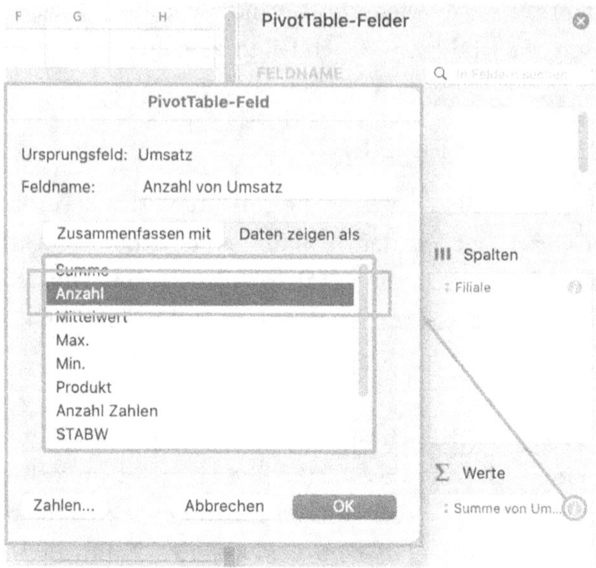

7.9.1 Bild Dialog PivotTable-Feld

Um Dubletten schnell zu identifizieren, sortiere die Pivot-Tabelle nach der Anzahl der Vorkommen. Klicke mit der rechten Maustaste auf einen Wert innerhalb der Spalte mit der Anzahl an Vorkommen (die Du sortieren möchtest). Achte darauf, dass Du auf einen Wert und nicht auf eine Überschrift oder einen leeren Bereich klickst. Im Kontextmenü, das erscheint, beweg den Mauszeiger über die Option "Sortieren", um ein weiteres Menü zu öffnen. Wähle die gewünschte Sortierreihenfolge "Von Z bis A" bzw. "Größte nach unten" aus. Die Pivot-Tabelle zeigt dann in den ersten Zeilen die Werte an, die mehr als einmal vorkommen.

Bitte beachte, dass dies nur ein Ansatz ist, um Dubletten in einer Liste zu finden. Excel bietet auch andere Funktionen wie "Entfernen von Duplikaten" oder bedingte Formatierung, die bei der Identifizierung und Entfernung von Duplikaten hilfreich sein können.

7.9.2 STAMMDATEN VERGLEICHEN

Obwohl Pivot-Tabellen in erster Linie zur Analyse und Zusammenfassung von Daten genutzt werden, lassen sie sich ebenso effektiv einsetzen, um Unterschiede zwischen zwei Datensätzen aufzudecken. Dies ist besonders nützlich, wenn du mit Stammdaten aus verschiedenen Systemen arbeitest, beispielsweise Kundennummern, die sowohl im Projektmanagementsystem als auch im Buchhaltungssystem vorhanden sind. Ebenso können sie beim Start einer neuen Anwendung eine große Hilfe sein, um zu überprüfen, ob die Datenmigration korrekt durchgeführt wurde und die Datensätze im neuen System den alten entsprechen.

Hier ist ein einfacher Weg, dies schnell zu tun:

- **Daten kombinieren**: Als Erstes solltest du deine beiden Datensätze in einer Tabelle aneinander anfügen. Füge dann eine zusätzliche Spalte hinzu, um die Herkunft der Daten für jeden Datensatz zu kennzeichnen (zum Beispiel "Altes System" und "Neues System"). Im folgenden Bild wird dies am Beispiel von zwei Kontenplänen aus dem alten und dem neuen Buchhaltungssystem veranschaulicht:

	A	B	C
1	Quelle	Kto Nr	Kto Namen
126	Altes System	8402	Erlöse Vermietung Klenk
127	Altes System	8590	Verr. sonstige Sachbezüge (keine Waren)
128	Altes System	8613	Verrechn. sonstige Sachbezüge 19% USt
129	Altes System	8730	Gewährte Skonti
130	Altes System	8736	Gewährte Skonti 19 % USt
131	Altes System	8742	Gewährte Skonti s. Leistung § 18b UStG
132	Altes System	9000	Saldenvorträge Sachkonten
133	Altes System	9008	Saldenvorträge Debitoren
134	Altes System	9009	Saldenvorträge Kreditoren
135	Neues System	25	Ähnl. Rechte, Werte, entgeltl. erworben
136	Neues System	300	Betriebs- und Geschäftsausstattung
137	Neues System	400	Betriebsausstattung
138	Neues System	410	Geschäftsausstattung
139	Neues System	420	Büroeinrichtung
140	Neues System	480	Geringwertige Wirtschaftsgüter
141	Neues System	741	Verbindlichkeiten gg O.Peters-Kim
142	Neues System	742	Verbindlichkeiten gg Philipp Dommers
143	Neues System	800	Gezeichnetes Kapital
144	Neues System	819	Erworbene eigene Anteile
145	Neues System	840	Kapitalrücklage
146	Neues System	841	Kapitalrücklage/Anteile ü. Nennbetrag

7.9.2 Bild Tabelle

- **Pivot-Tabelle erstellen:** Wähle die obige Liste aus und erstelle eine Pivot-Tabelle.

- **Felder festlegen:** In den Zeilenbereich fügst du die Spalten ein, die du vergleichen möchtest (in unserem Beispiel die "Kto Nr"). In den Spaltenbereich fügst du die Spalte mit der Quellenangabe ("Altes System", "Neues System") ein. In den Werte-Bereich fügst du auch das Feld ein, das verglichen werden soll ("Kto Nr") ein und stellst sicher, dass die Zusammenfassung auf "Anzahl" eingestellt ist.

7.9.2b Bild PivotTable-Felder Dialog

- Jetzt zeigt deine Pivot-Tabelle die Anzahl der Zeilen aus jeder Liste für jede eindeutige Kombination der verglichenen Felder. Wenn die Anzahlen für "Altes System" und "Neues System" für jede Zeile übereinstimmen, sind die beiden Listen identisch. Wenn die Anzahlen nicht übereinstimmen, zeigt das an, dass es Unterschiede zwischen den beiden Listen gibt. In unserem Beispiel sieht man, dass das Konto 27 im neuen System nicht auftaucht.

| Anzahl von Kto Nr | Spaltenbeschriftungen ▼ | | |
Zeilenbeschriftungen ▼	Altes System	Neues System	Gesamtergebnis
25	1	1	2
27	1		1
300	1	1	2
400	1	1	2
410	1	1	2
420	1	1	2
480	1	1	2
741	1	1	2
742	1	1	2
800	1	1	2
819	1	1	2

7.9.2c Bild Pivot Tabelle

7.9.3 BENENNUNG VON STAMMDATEN VERGLEICHEN

Manchmal musst Du prüfen, ob Stammdatenlisten aus zwei Systemen oder Quellen identisch sind. Das können die Listen der Kunden, Projekte, Artikel, Sachkonten, Kostenträger, Kostenstellen und vieles mehr sein. Um zu prüfen, ob die Namensgebung von zwei Stammdaten Datensätzen identisch ist, gehst Du in den ersten zwei Schritten identisch wie in 7.9.2 vor: Daten kombinieren und Pivot-Tabelle erstellen.

Felder festlegen

Füge das Feld, das die Stammdaten mit einer Nr identifiziert ("Kto Nr") und die Spalte, die du vergleichen möchtest ("Kto Namen"), in den Zeilenbereich der Pivot-Tabelle ein. Füge die Spalte, die die Quelle der Daten angibt, in den Spaltenbereich der Pivot-Tabelle ein. Im Werte-Bereich fügst du das einheitliche Feld ("Kto Nr") ein und stellst sicher, dass die Zusammenfassung auf "Anzahl" eingestellt ist.

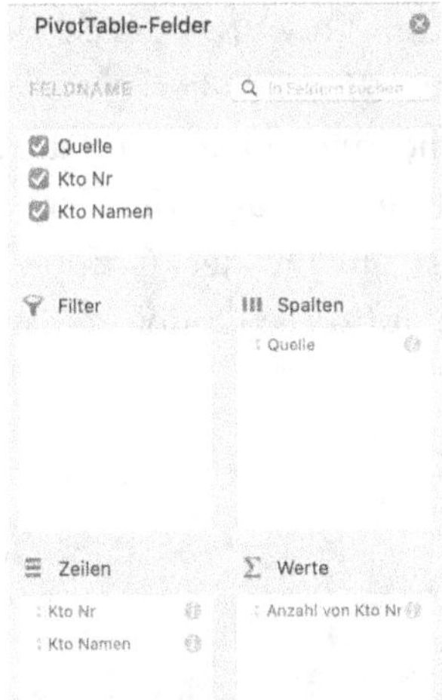

7.9.3 Bild PivotTable Felder

Du musst darauf achten, dass das erste Feld im Zeilenbereich so eingestellt ist, dass keine Teilergebnisse angezeigt werden (klicke dazu in der Feldliste der Pivot-Tabelle auf das Symbol rechts neben dem Feld (hier "Kto Nr"):

7.9.3b Bild PivotTable-Feld Dialog

Außerdem musst Du im Entwurf Bereich der Pivot-Tabelle unter Berichtslayout diese als "In Tabellenformat anzeigen" auswählen (Klicke irgendwo in deine Pivot-Tabelle, um die PivotTable Tools in der Excel-Menüleiste anzuzeigen. Wähle dann im Menüband den Reiter "Entwurf". Hier findest du in der Gruppe "Layout" die Option "Berichtslayout". Klicke auf diese Option und wähle "In Tabellenform anzeigen".)

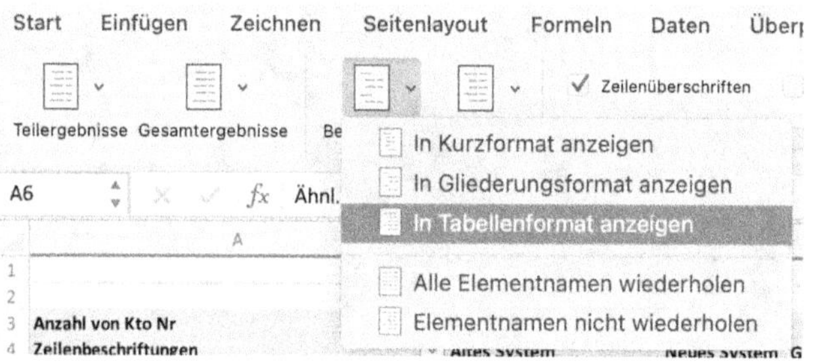

7.9.3c Bild Berichtslayout Pivot Tabelle

Nun siehst du in der Pivot-Tabelle, die Konten mit identischen Schreibweisen dadurch, dass Sie in nur einer Zeile stehen (z.B. Konto nr 27 oder Konto Nr. 400), während die Konten mit unterschiedlichen Schreibweisen beide auflisten und deswegen je Konto-Nr zwei Zeilen benötigen. Die Analyse unten zeigt, dass das neue System die "ä" in den Kontennamen in "ae" umgewandelt hat und deswegen die Kontennamen nicht mehr identisch sind.

Anzahl von Kto Nr		Quelle		
Kto Nr	Kto Namen	Altes System	Neues System	Gesamtergebnis
25	Ähnl. Rechte, Werte, entgeltl. erworben	1		1
	Aehnl. Rechte, Werte, entgeltl. erworben		1	1
27	EDV-Software, entgeltl. erworben	1		1
300	Betriebs- und Geschäftsausstattung	1		1
	Betriebs- und Geschaeftsausstattung		1	1
400	Betriebsausstattung	1	1	2
410	Geschäftsausstattung	1		1
	Geschaeftsausstattung		1	1
420	Büroeinrichtung	1	1	2
480	Geringwertige Wirtschaftsgüter	1	1	2

7.9.3d Bild Pivot Tabelle

7.10 VORTEILE VON PIVOT-TABELLEN

Pivot-Tabellen ermöglichen es dir, große Datenmengen schnell zu analysieren, ohne komplexe Formeln oder Funktionen erstellen zu müssen. Du kannst die Anordnung und Darstellung der Daten in der Pivot-Tabelle jederzeit ändern, um unterschiedliche Fragestellungen zu beantworten. Durch die Gruppierung und Zusammenfassung von Daten ermöglichen Pivot-Tabellen eine übersichtliche Darstellung von Ergebnissen. Durch Filtern kannst du und andere Nutzer die angezeigten Daten anpassen, um gezielte Analysen durchzuführen.

KAPITEL 8

DIAGRAMME ERSTELLEN

m Vergleich zu einer Tabelle voller Zahlen, bieten Diagramme eine visuelle Darstellung von Daten, die oft leichter zu verstehen ist. Diagramme ermöglichen es, schneller Muster, Trends und Beziehungen zwischen Datenpunkten zu erkennen. Wenn du deine Ergebnisse oder Erkenntnisse anderen präsentieren möchtest, helfen dir Diagramme, komplexe oder große Mengen an Daten und Informationen auf eine einfache und leicht verständliche Weise darzustellen. Und im Berufsalltag hilft häufig, dass deine Berichte, Präsentationen oder Dokumente durch den Einsatz von Diagrammen professioneller und ansprechender aussehen.

Ich finde die Erstellung eines Diagramms ähnelt der Erstellung einer Pivottabelle und besteht aus drei Schritten: Daten auswählen, Diagrammtyp auswählen und Diagramm anpassen. Folge diesen Schritten, um in Excel ein Diagramm zu erstellen:

- **Daten auswählen:** Wähle zunächst die Daten aus, die du in einem Diagramm darstellen möchtest. Das kannst du tun, indem du die linke Maustaste gedrückt hältst und über die Zellen ziehst, die die benötigten Daten enthalten oder einfach den Bereich in einer Tabelle inkl. Zeilen- und Spaltenüberschriften auswählst..

	Produktgruppe	Berlin	Frankfurt	Hamburg	Hannover	Köln	München
1	Produktgruppe	Berlin	Frankfurt	Hamburg	Hannover	Köln	München
2	Kopfhörer			92.483,23			
3	Laptop		306.257,49	757.194,20	680.517,41	339.942,90	
4	PC	903.194,52	153.513,26			120.724,02	450.852,05
5	Tablet	209.922,30		203.924,52			305.220,36
6							

8. Bild Datenmatrix

- **Diagrammtyp auswählen:** Gehe dann zur Registerkarte "Einfügen" im Menüband oben auf dem Bildschirm. Hier siehst du eine Gruppe von Optionen für Diagramme. Du kannst ein Diagramm auswählen, das am besten zu deinen Daten passt, z. B. ein Balkendiagramm, ein Liniendiagramm, ein Kreisdiagramm usw. Klicke auf das entsprechende Symbol, um das Diagramm einzufügen.

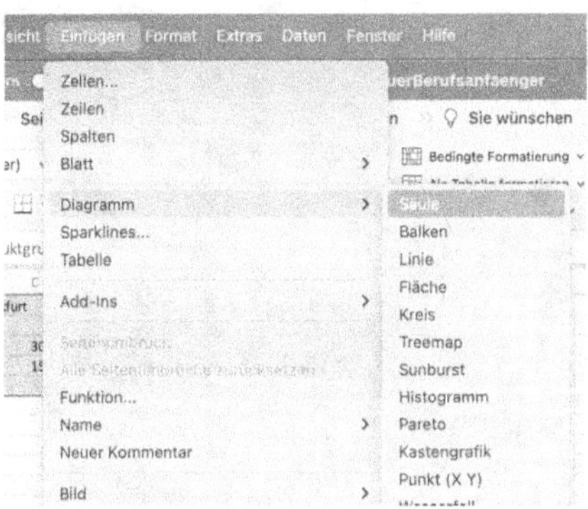

8.b Bild Diagramm Dialog

- **Diagramm anpassen:** Nachdem du das Diagramm eingefügt hast, kannst du es anpassen. Du kannst zum Beispiel den Diagrammtitel ändern, Achsentitel hinzufügen, die Farben ändern, die Legende verschieben und vieles mehr. Um auf diese Optionen zuzugreifen, klicke auf das Diagramm und dann auf die Registerkarte "Diagrammtools" im Menüband.

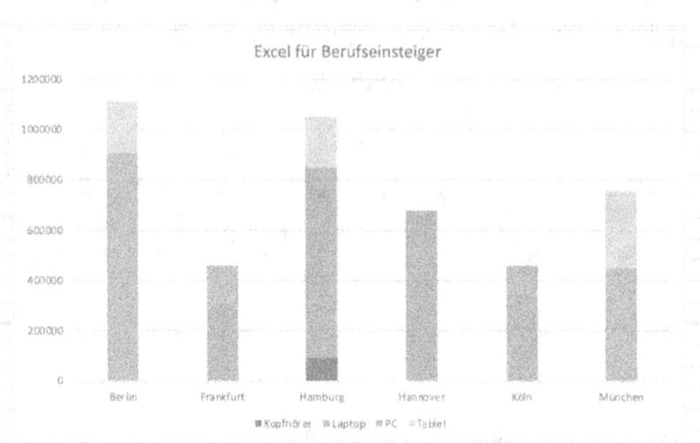

8.c Bild Säulendiagramm

Wenn die Daten nicht im richtigen Format vorliegen, kann Excel Probleme haben, sie korrekt in ein Diagramm zu konvertieren. Beispielsweise sollten Zahlen nicht als Text formatiert sein.

KAPITEL 9
WENN-FORMEL

Die WENN-Formel ermöglicht es, Bedingungen in Tabellenkalkulationen anzuwenden. Die Syntax der Formel lautet:

=WENN(Prüfung; Wert/Funktion wenn Prüfung wahr; **Wert/Funktion wenn Prüfung falsch)**

- **Prüfung**: Der Ausdruck oder die Bedingung, die Du überprüfen möchtest.

- **Wert/Funktion wenn Prüfung wahr**: Der Wert oder Formel, die zurückgegeben wird, wenn die Bedingung erfüllt ist.

- **Wert/Funktion wenn Prüfung falsch**: Der Wert oder Formel, die zurückgegeben wird, wenn die Bedingung nicht erfüllt ist.

Ein häufiger Fehler, der bei der Verwendung der WENN-Formel in Excel auftritt, ist die fehlende oder falsche Verwendung von Semikolons. Das Fehlen eines Semikolons oder das Ersetzen durch ein anderes Zeichen (z. B. Komma oder Doppelpunkt) führt zu einem Fehler. Wobei zu beachten ist, dass die regionalen Einstellungen des Computers vorgeben, welches Zeichen richtigerweise verwendet werden muss. In vielen europäischen Ländern, einschließlich Deutschland, Österreich und der Schweiz, wird das Semikolon (;) als Standard-Trennzeichen verwendet. In den USA und anderen Ländern wird das Komma (,) als Trennzeichen verwendet.

Auch das Datumsformat hängt von den regionalen Einstellungen deines Computers ab. Wenn du Datumswerte in der WENN-Funktion prüfen willst, kannst du das Datum direkt in die Funktion einfügen (sofern das zu prüfende Datum festgelegt ist). Aber du musst das Datum in Anführungszeichen setzen und es in einem Format angeben, das Excel erkennt. In der deutschen Version von Excel ist das übliche Format Tag.Monat.Jahr (TT.MM.JJJJ).

=WENN(A1>"01.01.2023";   "Kalenderjahr   2023";   "Ein   bereits abgelaufenes Jahr")

In den USA ist zum Beispiel das übliche Format Monat/Tag/Jahr (MM/DD/YYYY). Am einfachsten vermeidet man Fehler bei der Verwendung von Datumsformaten, indem man das Datum nicht in die Formel einträgt sondern beide zu prüfende Werte mit Bezügen referenzierten und darauf achtet, dass die Zellen mit den Datumswerten richtig als Datum formatiert sind. Obiges Beispiel:

=WENN(A1>D1; "Kalenderjahr 2023"; "Ein bereits abgelaufenes Jahr")

. . .

In Zelle D1 würde dann richtig formatiert der "01.01.2023" stehen.

Ein anderer Fehler taucht häufig bei der Verschachtelung von WENN-Formeln auf: Jede öffnende Klammer "(" muss mit einer entsprechenden schließenden Klammer ")" abgeschlossen werden.

Wenn Du in der WENN-Formel einen Text anstelle einer Zahl überprüfen möchtest, musst Du den Text in doppelten Anführungszeichen (") setzen. Zum Beispiel: "Bezahlt" oder "Nicht bezahlt". Um Textvergleiche durchzuführen, verwende Vergleichsoperatoren wie "=" oder "<>". Zum Beispiel: A1="Bezahlt" oder A1<>"Nicht bezahlt". Beachte unbedingt Groß- und Kleinschreibung.

Um in der WENN-Formel Zahlen zu prüfen, kannst Du verschiedene logische Operatoren verwenden:

- Gleich (=): Prüft, ob zwei Werte gleich sind. Zum Beispiel: A1=100.

- Ungleich (<>): Prüft, ob zwei Werte ungleich sind. Zum Beispiel: A1<>100.

- Größer als (>): Prüft, ob ein Wert größer als ein anderer Wert ist. Zum Beispiel: A1>100.

- Kleiner als (<): Prüft, ob ein Wert kleiner als ein anderer Wert ist. Zum Beispiel: A1<100.

- Größer oder gleich (>=): Prüft, ob ein Wert größer oder gleich ein anderer Wert ist. Zum Beispiel: A1>=100.

- Kleiner oder gleich (<=): Prüft, ob ein Wert kleiner oder gleich einem anderen Wert ist. Zum Beispiel: A1<=100.

. . .

Eine einfache, aber häufige Anwendung findet beim Kalkulieren von Prozentsätzen statt. Angenommen, du möchtest die Kosten (Spalte B) im Verhältnis zum Umsatz (Spalte A) berechnen. Die eigentliche Formel dazu lautet

=B2 / A2

und ist eine normale Teilungsrechnung.

Für den Fall, dass in einer Zeile der Umsatz = 0 ist, kommt es damit bei der Division durch Null zu einem Fehler "#DIV/0!". Um dies zu verhindern, kannst Du die WENN-Formel einsetzen:

=WENN(A2=0; 0; B2 / A2)

In dieser Formel wird zuerst überprüft, ob die Zelle A2 gleich Null ist (A2=0). Wenn A2 Null ist, gibt die Funktion den Wert 0 zurück, anstatt die Fehlermeldung "#DIV/0!" zu erzeugen. Wenn jedoch die Bedingung nicht erfüllt ist (also A2 enthält eine Nummer, die nicht 0 ist), führt Excel die Division B2/A2 durch, um den Prozentsatz zu berechnen.

Du kannst in der Wenn-Funktion aber auch statt dem Nullwert einen Text eintragen: "Eine Division durch 0 ist nicht möglich" oder "Prozent-Kalkulation mangels Umsatz nicht möglich". Die Formel wäre dann:

. . .

.=WENN(A2=0;"Prozent-Kalkulation mangels Umsatz nicht möglich"; B2/A2)

9.1 VERSCHACHTELTE WENN-FUNKTIONEN

Du kannst WENN-Funktionen verschachteln, um mehrere Bedingungen gleichzeitig zu überprüfen. Angenommen, Du möchtest eine Rabattstaffel auf der Grundlage des Umsatzes anwenden. Die Staffelung ist wie folgt:

Weniger als 100,- Umsatz:Kein Rabatt
100,- bis 999,- Umsatz: 2% Rabatt
1.000,- oder mehr Umsatz:5% Rabatt

Wenn der Umsatz erneut in Spalte A steht, kannst Du eine verschachtelte WENN-Funktion verwenden, um den entsprechenden Rabatt zu berechnen:

=WENN(A2<100; 0; WENN(A2<1000; 2;5))

9.2 KOMBINATION VON WENN MIT ANDEREN FUNKTIONEN

Die WENN-Funktion lässt sich auch mit anderen Excel-Funktionen kombinieren, um komplexere Formeln zu erstellen. Zum Beispiel kannst Du die WENN- und UND-Funktionen kombinieren, um zu überprüfen, ob zwei Kriterien erfüllt sind: Umsatz (Spalte A) und Anzahl der verkauften Artikel (Spalte D). Das Ziel ist erreicht, wenn der Umsatz größer oder gleich 10.000,- € und die Anzahl der verkauften Artikel größer oder gleich 500 ist. Andernfalls soll das Ziel als "nicht erreicht" angezeigt werden. Du kannst die WENN- und, UND-Funktionen kombinieren:

. . .

=WENN(**UND(A2>=10000; D2>=500)**; "Ziel erreicht"; "Ziel nicht erreicht")

Die UND-Funktion gibt die Bedingung der WENN-Formel nur als erfüllt zurück, wenn beide angegebenen Kriterien innerhalb der Klammer gleichzeitig zutreffen.

KAPITEL 10

BENUTZERDEFINIERTE INDIZES ERSTELLEN UND EINSETZEN

Benutzerdefinierte Indizes sind einzigartige Identifizierungsnummern bzw. Schlüssel, um zusammengehörige Datensätze in einer großen Tabelle zu identifizieren, wenn in der Tabelle keine vorhandene Spalte diese eindeutige Identifizierung bietet. Durch das Kombinieren von Werten aus zwei Spalten kannst du einen neuen, einzigartigen Index erstellen.

Ein solches Szenario kann auftreten, wenn du in einer Tabelle separate Spalten für Kundennummer und Projektnummer hast. Angenommen, die Projektnummern sind fortlaufende Zahlen (wie 100, 101, 102 und so weiter), die alleine wenig aussagekräftig sind. Dies wird besonders deutlich, wenn eine Anwendung Projektnummern kundenunabhängig vergibt (zum Beispiel könnte Projekt 100 Kunde A zugeordnet sein, Projekt 101 Kunde B, und Projekt 102 wieder Kunde A). Das Hinzufügen einer zusätzlichen Spalte, die einen eindeutigen Index durch die Kombination von Kunden- und Projektnummer generiert (zum Beispiel A-100, B-101, A-102), kann die Arbeit erheblich erleichtern. Dies ist insbesondere hilfreich, wenn du zusätzliche Daten aus anderen

Tabellen oder Stammdaten, wie Preislisten pro Projekt, Verantwortlichkeiten, Fristen und Ähnliches, hinzufügen möchtest, da diese oft sowohl kunden- als auch projektspezifisch sind.

Auch wenn du Daten aus verschiedenen Quellen zusammenführen musst und es keine einzelne Spalte gibt, die als gemeinsamer Schlüssel verwendet werden kann, sind benutzerdefinierte Indizes hilfreich. In diesem Fall kann das Kombinieren von Werten aus zwei Spalten einen gemeinsamen Schlüssel erzeugen, der zum Zusammenführen der Daten verwendet werden kann.

Am einfachsten erstellst du einen solchen Index mit sehr einfachen Text-Funktionen von Excel. Wenn die Kunden-Id in Spalte A und die Projekt-Nr. in Spalte B steht, dann sieht die Formel für den benutzerdefinierten Indizes wie folgt aus:

```
=B2&"-"&C2
```

Das Ergebnis lautet: "A-100". Der Kunde mit der Nr "A" wird mit einem Bindestrich mit der Projekt-Nr. "100" verknüpft.

| A2 | | f_x | =B2&"-"&C2 |

	A	B	C	D
1	Index	Kunde	Projekt	Datum
2	A-100	A	100	01.01.23
3	B-101	B	101	05.02.23
4	A-102	A	102	07.03.23
5	B-101	B	101	12.03.23
6	B-101	B	101	27.01.23
7	A-102	A	102	25.02.23
8	A-100	A	100	01.04.23
9	B-101	B	101	23.02.23

10. Bild Tabelle

Über diesen eindeutigen Indizes kannst Du nun in anderen Spalten via SVERWEIS Funktion je Projekt Preise aus der Vertragsdatenbank oder Fristen aus Projektlisten importieren.

KAPITEL 11

DIE WICHTIGSTEN TEXT-FUNKTIONEN (UND WARUM)

Excel bietet eine Vielzahl von Textfunktionen, die bei der Verarbeitung von Texten nützlich sind. Hier sind einige der wichtigsten Funktionen und warum sie wichtig sind:

11.1 LINKS() UND RECHTS()

Mit diesen Funktionen kannst du eine bestimmte Anzahl von Zeichen vom Anfang (LINKS) oder vom Ende (RECHTS) einer Textzeichenkette extrahieren. Sie sind besonders nützlich, wenn du bestimmte Teile eines Textes benötigst, wie zum Beispiel die ersten oder letzten drei Ziffern einer Kontonummer.

Die Syntax der Funktionen ist wie folgt:

- LINKS(Text; Anzahl Zeichen)

- RECHTS(Text; Anzahl Zeichen)

Der Text, aus dem du Zeichen extrahieren möchtest, kann über eine Verweis auf eine Zelle in der ein Text steht (z.B. A1) oder direkt in die Formel in Anführungszeichen (z.B. "Beispieltext") eingetragen werden.

Auch die Anzahl der Zeichen, die du vom Anfang oder Ende des Textes extrahieren möchtest, kann über einen Verweis oder direkt in die Formel eingetragen werden (aber ohne Anführungszeichen).

Angenommen, du hast den Text "10117 Berlin" in Zelle A1 stehen und du möchtest die letzten 6 Zeichen dieses Textes extrahieren. Du könntest die Funktion RECHTS so verwenden:

=RECHTS(A1; 6)

Diese Formel gibt "Berlin" zurück, da dies die letzten 6 Zeichen des Textes in Zelle A1 sind.

11.2 LÄNGE()

Diese Funktion gibt die Anzahl der Zeichen in einer Textzeichenkette zurück. Die Syntax der LÄNGE-Funktion ist wie folgt:

LÄNGE(Text)

Der Text, dessen Länge du ermitteln möchtest, wird mittels Verweis auf eine Zelle oder direkt in der Formel mit Anführungszeichen eingetragen.

• • •

Angenommen, du hast den Text "10117 Berlin" in Zelle A1 und du möchtest wissen, wie viele Zeichen dieser Text hat. Du könntest die Funktion LÄNGE so verwenden:

=LÄNGE(A1)

Diese Formel gibt "12" zurück. Denke daran, dass Leerzeichen auch als Zeichen zählen.

Falls du eine umfangreiche Liste von Postleitzahlen und Städtenamen hast, aus der du lediglich die Städtenamen extrahieren möchtest, wird die Verwendung der RECHTS-Funktion zunächst herausfordernd erscheinen. Das liegt daran, dass die Länge der Städtenamen variiert und du daher nicht genau weißt, wie viele Zeichen du vom Ende des Strings extrahieren solltest. Hier kommt die LÄNGE-Funktion ins Spiel, die dir bei dieser Herausforderung hilft.

Nehmen wir an, du hast den Eintrag "10117 Berlin" in Zelle A1 und "60306 Frankfurt am Main" in Zelle A2. Um nur die Städtenamen zu extrahieren, verwendest du die folgende Formel:

=RECHTS(A2;LÄNGE(A2)-6)

Das Ergebnis dieser Formel ist "Frankfurt am Main". Wenn du die gleiche Formel auf Zelle A1 anwendest, also =RECHTS(A1;LÄN-GE(A1)-6), erhältst du "Berlin".

Der Trick liegt in der Anwendung der LÄNGE-Funktion. Da Postleitzahlen stets fünf Zeichen lang sind und zwischen der Postleitzahl und dem Städtenamen ein Leerzeichen steht, musst du immer sechs Zeichen weniger als die Gesamtlänge des Textes vom Ende extrahieren. Dies ermöglicht es dir, unabhängig von der Länge des Stadtnamens, stets den korrekten Stadtnamen zu extrahieren.

11.3 FINDEN()

Mit der FINDEN Funktion findest du die Position eines bestimmten Textes innerhalb einer größeren Textzeichenkette. Sie ist groß- und kleinschreibungsensitiv und akzeptiert keine Platzhalter.

Die Syntax der FINDEN-Funktion ist wie folgt:

FINDEN(Suchtext; Text; Start)

- Suchtext ist der Text, den du in der größeren Textzeichenkette finden möchtest.

- Text ist die Textzeichenkette, in der du suchen möchtest.

- Start ist optional und gibt die Position im Text an, ab der die Suche beginnen soll. Wenn du diesen Parameter weglässt, beginnt die Suche am Anfang des Textes.

Hier ist ein einfaches Beispiel:

Angenommen, du hast den Text

"ACME GmbH XYZ123ABC987 DE12345678901234567890"

· · ·

in Zelle A1 und du möchtest die Position des Textes " DE" finden. So verwendest du die Funktion FINDEN:

=FINDEN(" DE"; A1)

Diese Formel gibt "23" zurück, da " DE" an der 23. Position im obigen Text beginnt.

Wenn du nur ab einer bestimmten Position suchen möchtest, könntest du den optionalen Parameter verwenden. Zum Beispiel, wenn du nur ab der 15. Position suchen möchtest, könntest du die Formel so schreiben:

=FINDEN(" DE"; A1;15)

In diesem Fall gibt die Formel ebenfalls "23" zurück, da " DE" immer noch an der 23. Position beginnt.

Wenn ein Suchtext in einem Text nicht vorhanden ist, gibt die Formel "#WERT!" zurück, da der Suchtext nicht gefunden werden kann.

Wenn du eine umfangreiche Liste von exportierten Banktransaktionsdaten hast und beispielsweise nur die IBAN-Nummer extrahieren möchtest, kann die FINDEN-Funktion in Kombination mit den Funktionen RECHTS und LÄNGE sehr hilfreich sein. Die entsprechende Formel sieht folgendermaßen aus:

=RECHTS(A1;LÄNGE(A1)-FINDEN(" DE"; A1))

- **FINDEN(" DE"; A1)**: Diese Funktion sucht nach dem Text " DE" in der Zelle A1 und gibt die Position zurück, an der dieser Text beginnt.

- **LÄNGE(A1)**: Diese Funktion gibt die Gesamtlänge des Textes in der Zelle A1 zurück.

- **LÄNGE(A1)-FINDEN(" DE"; A1)**: Dieser Ausdruck berechnet die Anzahl der Zeichen nach " DE" in dem Text in Zelle A1.

- **RECHTS(A1;LÄNGE(A1)-FINDEN(" DE"; A1))**: Schließlich extrahiert die Funktion RECHTS die berechnete Anzahl von Zeichen vom Ende des Textes in Zelle A1. In diesem Fall wird immer die vollständige IBAN-Nummer extrahiert, unabhängig von der Anzahl der Zeichen und dem Text, der vor der IBAN-Nummer steht.

Da die Texte und Nummern vor der IBAN-Nummer in der Liste nicht einheitlich lang sind, die IBAN-Nummer aber immer mit " DE" beginnt, ermöglicht die Kombination dieser drei Funktionen eine effiziente Lösung, um die gewünschten Informationen zu extrahieren.

KAPITEL 12
ISTFEHLER()

Mit der ISTFEHLER-Funktion kannst du überprüfen, ob eine bestimmte Formel oder Funktion einen Fehler produziert. Dieses Werkzeug ist besonders nützlich, da es ermöglicht, potenzielle Fehler im Voraus zu erkennen und zu steuern, wie diese in deinen Formeln präsentiert werden.Die Syntax der Funktion ist:

ISTFEHLER(Funktion)

In den Klammern ist die Formel oder Funktion, die du auf einen Fehler prüfen möchtest. Hier ist ein einfaches Beispiel:

Angenommen, du hast eine Division, z.B. =10/A1 - wobei der Wert in Zelle A1 = 0 ist. Diese Formel wird den Fehler "#DIV/0!" zurückgeben, da eine Division durch Null nicht definiert ist.

. . .

Um zu prüfen, ob diese Formel einen Fehler erzeugt, kannst du die Funktion ISTFEHLER wie folgt verwenden:

=ISTFEHLER(10/A1)

Diese Formel gibt "WAHR" zurück, da die Formel einen Fehler erzeugt.

Du kannst die Funktion ISTFEHLER auch in Kombination mit der WENN Funktion verwenden, um anzugeben, was angezeigt werden soll, wenn ein Fehler auftritt. Um eine benutzerdefinierte Nachricht anzuzeigen, wenn ein Fehler auftritt, kannst du die folgende Formel verwenden:

=WENN(ISTFEHLER(10/A1); "Ein Fehler ist aufgetreten"; 10/A1)

Diese Formel macht Folgendes:

ISTFEHLER(10/A1): Diese Funktion prüft, ob die Formel "10/A1" einen Fehler erzeugt. Sie gibt WAHR zurück, wenn ein Fehler auftritt, und FALSCH, wenn kein Fehler auftritt.

Die WENN-Funktion prüft, ob die Bedingung ISTFEHLER(10/A1) WAHR ist. Wenn sie WAHR ist (also wenn ein Fehler auftritt), gibt die WENN-Funktion den Text "Ein Fehler ist aufgetreten" aus. Wenn die Bedingung FALSCH ist (also wenn kein Fehler auftritt), gibt die WENN-Funktion den Wert der Formel 10/A1 aus.

Auf diese Weise kannst du mit der Kombination von ISTFEHLER

und WENN Fehler in deinen Formeln behandeln und eine benutzerdefinierte Nachricht anzeigen, wenn ein Fehler auftritt.

ANHANG 1: DIE WICHTIGSTEN FEHLERMELDUNGEN

Abhängig von der Art der durchgeführten Operation oder der verwendeten Formel, treten in Excel verschiedene Fehler auf. Die wichtigsten und häufigsten Fehlermeldungen in Excel sind:

- #DIV/0!

Dieser Fehler tritt auf, wenn eine Zahl durch Null oder eine leere Zelle geteilt wird. Am häufigsten tritt der Fehler auf, wenn man versucht, eine Division oder eine durchschnittliche Berechnung auf Zellen durchzuführen, die noch keine Daten enthalten.

- #WERT!

Wenn eine Operation oder eine Funktion mit Zellen durchgeführt wird, die den falschen Datentyp enthalten, erscheint diese Fehlermeldung. Beispielsweise, wenn man versucht, eine Zahl und einen Text zu addieren.

- #NAME?

Dieser Fehler tritt auf, wenn Excel den Text in der Formel nicht erkennt. Häufige Ursachen sind das Vergessen von Anführungszeichen um Texte oder das Vertippen beim Schreiben einer Funktion mit dem falschen Namen.

- **#NULL!**

Dieser Fehler tritt auf, wenn man versucht, zwei Bereiche zu kreuzen, die sich nicht überschneiden. Dies passiert m.E. nur, wenn du das Leerzeichen als Zeichen für die Schnittmenge zweier Bereiche verwendest, aber die beiden Bereiche sich nicht kreuzen.

- **#ZAHL!**

Wenn eine Formel oder Funktion einen numerischen Wert ergibt, der zu groß oder zu klein ist, um von Excel dargestellt zu werden, erscheint diese Fehlermeldung. Wenn du beispielsweise versuchst, die Fakultät einer sehr großen Zahl zu berechnen, wie z. B. =FAKULTÄT(171), gibt Excel die Fehlermeldung "#ZAHL!" aus, weil das Ergebnis zu groß ist, um dargestellt zu werden.

- **#BEZUG!**

Wenn eine Formel oder Funktion auf eine Zelle verweist, die nicht existiert, erscheint diese Meldung. Dieser Fehler wird meistens durch das Löschen von Zellen, Zeilen oder Spalten, die in anderen Formeln verwendet werden, verursacht.

- **#NV**

Dieser Fehler tritt auf, wenn eine Funktion oder Formel einen Wert oder eine Referenz benötigt, die nicht vorhanden ist. Ein häufiges Beispiel ist die Funktion SVERWEIS oder WVERWEIS, wenn sie einen Wert sucht, der nicht in der angegebenen Matrix vorhanden ist.

Jeder dieser Fehler gibt einen Hinweis auf die Art des Problems, das in der Formel oder Funktion aufgetreten ist. Die Erläuterungen oben sollen es dir ermöglichen, das Problem zu finden und zu beheben.

ANHANG 2: LOGISCHE VERGLEICHSOPERATOREN

In Formeln und Funktionen kannst du verschiedene logische Vergleichsoperatoren verwenden, um Bedingungen zu prüfen. Das sind die wichtigsten logischen Vergleichsoperatoren:

- = (Gleich)

Prüft, ob zwei Werte gleich sind. Zum Beispiel gibt A1=B1 WAHR zurück, wenn die Werte in den Zellen A1 (z.B. "77") und B1 (auch "77") gleich sind, und FALSCH, wenn sie nicht gleich sind (in B1 stattdessen "78" steht).

- <> (Ungleich)

Prüft, ob zwei Werte ungleich sind. Zum Beispiel gibt A1<>B1 WAHR zurück, wenn die Werte in den Zellen A1 und B1 nicht gleich sind, und FALSCH, wenn sie gleich sind.

- > (Größer als)

Prüft, ob ein Wert größer als ein anderer ist. Zum Beispiel gibt

A1>B1 WAHR zurück, wenn der Wert in Zelle A1 größer als der Wert in Zelle B1 ist, und FALSCH, wenn das nicht der Fall ist.

- **< (Kleiner als)**

Prüft, ob ein Wert kleiner als ein anderer ist. Zum Beispiel gibt A1<B1 WAHR zurück, wenn der Wert in Zelle A1 kleiner als der Wert in Zelle B1 ist, und FALSCH, wenn das nicht der Fall ist.

- **>= (Größer oder gleich)**

Prüft, ob ein Wert größer oder gleich einem anderen ist. Zum Beispiel gibt A1>=B1 WAHR zurück, wenn der Wert in Zelle A1 größer oder gleich dem Wert in Zelle B1 ist, und FALSCH, wenn das nicht der Fall ist.

- **<= (Kleiner oder gleich)**

Prüft, ob ein Wert kleiner oder gleich einem anderen ist. Zum Beispiel gibt A1<=B1 WAHR zurück, wenn der Wert in Zelle A1 kleiner oder gleich dem Wert in Zelle B1 ist, und FALSCH, wenn das nicht der Fall ist.

Diese logischen Vergleichsoperatoren können in Kombination mit Funktionen wie WENN, UND, ODER und anderen verwendet werden, um komplexe Bedingungen zu prüfen.

ANHANG 3: BEZÜGE

Es gibt drei Arten von Zellbezügen, die du in Formeln verwenden kannst:

- **Relative Bezüge**

Das sind die Standard-Bezüge, die sich automatisch anpassen, wenn du die Formel kopierst und einfügst. Wenn du zum Beispiel eine Formel in Zelle B1 hast, die auf Zelle A1 verweist (=A1+10), und du diese Formel nach unten in Zelle B2 kopierst, wird der Bezug automatisch angepasst, um auf Zelle A2 zu verweisen (=A2+10).

Relative Bezüge sind sehr nützlich, wenn du die gleiche Berechnung auf eine Reihe von Zellen anwenden musst. Zum Beispiel, wenn du eine Spalte von Zahlen hast und du eine andere Spalte erstellen möchtest, die jeden dieser Werte mit einem bestimmten Faktor multipliziert. Beim Kopieren der Formel über Zeilen hinweg passen sich die Bezüge in der Formel entsprechend an.

- **Absolute Bezüge**

Ein absoluter Bezug ändert sich nicht, wenn du die Formel kopierst und einfügst. Du kannst einen absoluten Bezug erstellen, indem du ein Dollarzeichen ($) vor den Spaltenbuchstaben und/oder die Zeilennummer setzt. Zum Beispiel bleibt der Bezug in der Formel =A1 immer auf Zelle A1, egal wo du die Formel hin kopierst.

- **Gemischte Bezüge**

Ein gemischter Bezug ist eine Mischung aus relativen und absoluten Bezügen. Entweder ist die Zeile oder die Spalte absolut, während die andere relativ ist. Zum Beispiel ändert sich der Bezug in der Formel =$A1, wenn du die Formel nach unten kopierst, nicht in der Spalte, aber er ändert sich, wenn du die Formel nach rechts kopierst.

Diese verschiedenen Arten von Bezügen sind nützlich, wenn du Formeln über verschiedene Zellen oder Bereiche hinweg kopieren und einfügen möchtest, je nachdem, ob du möchtest, ob die Bezüge sich anpassen oder gleich bleiben.

ANHANG 4: RANGFOLGE VON RECHENOPERATIONEN IN EXCEL

Rechenoperationen werden nach einer bestimmten Reihenfolge ausgeführt, die als Punkt-vor-Strich-Rechnung bekannt ist. Dies ist die Reihenfolge:

- **Klammern**

Alles, was in Klammern steht, wird zuerst berechnet. Wenn es mehrere Ebenen von Klammern gibt, beginnt Excel mit der innersten Klammern und arbeitet sich nach außen vor.

- **Potenzen und Wurzeln**

Danach werden Potenzen und Wurzeln berechnet.

- **Multiplikation und Division**

Als Nächstes werden von links nach rechts Multiplikationen und Divisionen durchgeführt.

- **Addition und Subtraktion**

Schließlich werden Additionen und Subtraktionen durchgeführt, diese ebenfalls von links nach rechts.

Excel Funktionen in einer Formel sind keine Rechenoperationen, diese werden entsprechend ihrer eigenen internen Reihenfolge ausgeführt.